MW01275505

그램그램 영문법 원정대

제 11권 깨트려라! 워드킹의 If 가정법 세계

지은이 장영준 | 구성 · 그림 어필

이 책을 펴내며

처음 만화로 영문법 책을 내겠다고 하니 주변 분들이 모두 이상한 눈으로 저를 바라보셨습니다. 아니 대학교 영문과 교수가 대학 교재도 아니고 코흘리개 애들이나 보는 만화책을 쓰겠다고 하니 의아해 하신 거지요. 물론 만화책이라면 우선 재미가 있어야 하는데 딱딱한 훈장님의 문법 강의가 되지 않을까 걱정하신 바도 있겠지요.

제가 만화 영문법 책을 내겠다고 마음 먹은 이유는 초등학교 4학년짜리 아들 때문입니다. 어릴 때부터 영어를 배웠지만 앵무새처럼 외워서 말하고 따라 읽을 뿐 영어를 전혀 재미있어 하지 않는 겁니다. 영어도 우리말처럼 쉽고 자연스럽게 받아들이도록 할 수는 없을까 생각했지요. 아이에게 한국어가 우리나라 사람들의 생각을 표현하는 것처럼 영어도 미국이나 영국 사람들의 생각을 표현하는 같은 언어라는 점을 느끼게 하고 싶었습니다. 결코 공부하고 점수를 따야 하는 어려운 대상이 아니라는 것을 말이죠.

영어를 **제대로 알려면 영어를 쓰는 사람들이 무엇을 중요하게 생각하는지, 또 우리와 사고 방식이 어떻게 다른지 아는 것이 도움이 됩니다.** 우리말과 말의 순서가 다르고, 단수인지 복수인지를 반드시 가리고, 말하는 시점에 따라 다양한 시제를 사용한다는 점은 무조건 외운다고 해서 이해되는 것이 아니니까요. **그런 차이들이 모여 문법이 되는 것이지요.** 그런데 서점에 나와 있는 문법책들을 보면 어린이를 대상으로 하고 있음에도 한결같이 어려운 한자 용어에 이해하기 어려운 설명으로 가득합니다. 화려한 그림에 판형만 커졌을 뿐 성인용 문법책의 축소판입니다.

어떤 분들은 어릴 때는 영문법을 몰라도 된다고 하십니다. 아이들이 좋아하는 이야기 테이프를 들려주고 동화책을 많이 읽게 하면 저절로 문법은 익힐 수 있다고도 하십니다. 그러나 문법이 문장에 나타나는 반복적인 구조, 말을 하고 글을 쓰는 규칙이라고 할 때 어느 정도 영어의 기초 과정을 거친 어린이들에게 그 규칙을 이해하기 쉽게 알려 준다면 나중에 더 높은 수준의 영어를 배울 때 훨씬 학습 효과가 클 수 있습니다.

이 책을 쓰다 보니 아이들 눈높이에서 재미있고 쉽게 영문법을 알려 주는 것이 결코 쉽지 않은 작업이었습니다. 왜 시중에 어려운 책들이 넘쳐 나는지 이해도 되었습니다. 영문법을 어렵게만 배워 온 어른들로서는 그것을 쉽게 풀어서 설명하는 것이 더 어려운 일일 수밖에 없겠더군요. 그래서 언어학자인 제가 아니면 꼭 필요한 이 일을 할 사람이 없겠구나 하는 나름의 사명감까지 느꼈습니다.

〈그램그램 영문법 원정대〉는 출판사 분들과 만화가 선생님들의 노고가 합쳐져 탄생하였습니다. 건, 빛나, 피오 세 어린이가 그램우즈라는 가상 세계에서 리버스 마왕에 맞서 나운, 프로나운, 버브 등 그램펫들을 물리치면서 영문법을 하나하나 알아가는 내용으로 영문법 학습뿐만이 아니라 어드벤처 이야기로도 흥미진진합니다.

책을 쓰면서 우리 아이는 물론이고 여러 어린이들에게 이 책을 보여 주었더니 얼마나 재미있어 하는지 몇 번이고 반복해서 읽더군요. 그러면서 저절로 명사의 수나 be 동사의 변화 등을 자연스럽게 익혔습니다. 우리말에 없는 관사의 개념도 정확히 이해하고 주어에 따라 동사를 변화시켜 문장을 만들기도 하였습니다. 무엇보다 그걸 공부라고 여기지 않고 놀이처럼 따라 한다는 점이 놀라웠습니다.

이제 우리 아이들은 어른들이 영어를 배울 때처럼 활용하지도 못할 영어를 배워서는 안 됩니다. **영어 문법 역시 어려운 용어를 무조건 외우게 할 것이 아니라 머릿 속에 영어의 구조를 만들어 주어 스스로 자연스런 문장을 말할 수 있게 해야 합니다.** 그러려면 물고기를 잡아 주는 것이 아니라 물고기 잡는 법을 알려 주어야 합니다. 재미있게 시작한 공부는 앞으로도 계속 즐거운 경험으로 이어질 것입니다. 여러 어린이들의 재미있는 영어 공부에 이 책이 조금이나마 도움이 되기를 바랍니다.

지은이 장영준

어린이 여러분 보세요!

교수님, 영문법이 뭐예요?

영문법은 '영어 문법'의 줄임말이란다.
문법이란 말을 하거나 글을 쓰는 규칙을 말하지.
영어로는 그래머(Grammar)라고 해.

말을 하거나 글을 쓰는 규칙이요?

'새가 하늘이 날아가요' 하면
무슨 말인지 알겠니?

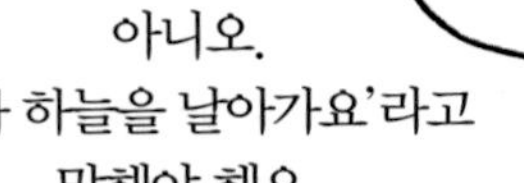

아니오.
'새가 하늘을 날아가요'라고
말해야 해요.

그래. 이렇게 우리말에도 지켜야 하는
규칙이 있어서 **이 규칙을 지키지 않으면 무슨 말을 하는지
알 수 없게 된단다.** 어린아이들이 문법을 지키지 않고 하는 말을
들으면 웃음이 절로 나오지 않니? 영어도 문법을 잘 모르고
말을 하면 우스운 말이 되겠지.

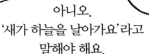

우리말 문법은 쉬운 것 같은데
영어 문법은 어렵지 않을까요?
전 아직 영어를 잘하지 못해요.

〈그램그램 영문법 원정대〉를 보면
영어 문법이 재미있어질 거야. 영어 문법이 재미있고
쉬워서 조금만 배워도 '아하! 그래서 이렇게 말하는구나'
하고 신이 나게 될 테니까.

차례

등장인물

건(Gun)

생각보다 행동이 앞서는 원정대의 사고뭉치.
살라만다의 갑옷 덕분에 워즈랜드 성을 둘러싸고 있는 불기둥에도 혼자만 끄떡없다.

피오(Pio)

모든 것이 가소로운 원정대의 카리스마.
임퍼의 조종을 받아 원정대를 공격하지만, 결정적인 순간에 인터로거티브 마법으로 임퍼를 물리친다.

빛나(Bitna)

영어에 대한 풍부한 지식과 타고난 직감을 가진 원정대의 해결사.
장난감 별의 토끼 인형의 다리를 꿰매 주어, 나중에 토끼 인형의 도움을 받는다.

모모(Grammpet Momo)

원정대와 모험을 같이하며 필요할 때마다 영문법 지식을 알려 주는 그램펫.
이번에는 If의 마법만이 통하는 워즈랜드에서 원정대에게 If에 대해 알려 준다.

워드킹(Word King)

워즈랜드의 왕.
울랄라 공주에게 실연당한 후, 자신의 꿈속에 자신만의 세계를 구축하고 워즈랜드를 방치한다.

마인맨(Wordpet Mineman)

광산 별의 보석맨들이 합체한 거대한 워드펫이다.
무시무시한 곡괭이 모양의 다리로 원정대를 공격한다.

고래버스(Whale Bus)

원정대가 버스 안에서 임퍼와 격전을 벌이는 바람에 만신창이가 되어 버린다.
그러나 나중에 워드킹이 있는 곳까지 원정대를 데려다 준다.

임퍼(Grammpet Imper)

빛나와 피오에게 숨어들어 동료를 공격하도록 그들을 조종한다.
그러나 피오의 인터로거티브 마법으로 인해 정체가 드러나고 만다.

• 임퍼(Imper): '명령법(Imperative)'의 줄임말이다.

토이(Wordpet Toy)

임퍼의 조종을 받아 원정대를 공격하는 거대한 곰인형이다.

토드(Toad)

두꺼비 모양을 한 워드킹의 시종관.
If의 마법을 사용해 원정대를 워드킹의 꿈속으로 보낸다.

도대체 여긴 어딘데
물고기들이
하늘을 날아다니는 거야?

모모, 너도 여기가
어딘지 몰라?

부르르..

으… 응… 나도
이런 데는 처음 와 봐

다음에 만나면
가만 안 두겠어!
그나저나 마왕한테 잡혀 간
얄리 공주님과 아리는 괜찮을까?
빨리 구해야 하는데…
구하러 가기는커녕
우리가 도움을 요청해야 할
상황이라고.
우리 코가
석자야 ~
뭉땅

하하… 공주님은 걱정하지 마.
아무리 마왕이라도 왕족은
함부로 어쩌지 못하니까.
정말이야?
뭐야, 모모 너
너무 안심하고 있는 거
아냐?

그건 그렇고
여긴 어디야?
일찍도
궁금해 한다.

아무래도 그 여자애가
우릴 다른 차원으로
날려 버린 것 같은데…

굉장히 작은 별인가 봐. 하늘 위로 바로 우주가 보이는 걸 보니.
별 모양도 다 이상하게 생겼어.
맛있을까?
태양계가 아닌 것만은 확실해.

응?

얘들아, 저기 좀 봐. 뭔가 반짝이고 있어.
반짝이는 거?

오케이~ 가 보자! 혹시 먹을 게 있을지도 몰라.
어휴~ 넌 이 상황에서도 먹을 거 타령이냐!

꺄아악!

예쁜 보석들이
사방에 널려 있잖아!

뭐야! 자기는 먹지도 못하는 보석 따위에 방방 뛰면서…
왠지 레인보우 여왕님의 모습이 겹쳐지는군.

보석 광산인가?
빛나의 저런 모습 처음이야. 여기서 살겠다고 하는 거 아냐?

나는 아이템이 더 좋은데…
멍~
너나, 빛나나…

일로 시끄러워? 무슨 이리
(무슨 일로 이리
시끄러워?)

어? 누가 광산에서
나오는데?
좋아. 나에게 맡겨. 내가
여기가 어딘지 물어볼게.
여기
광부인가 봐.

Where am I?
여기가 어디에요?
헉! 건이가
한 번에 제대로
말하다니!
해가 서쪽에서
뜨려나?

mine a This planet is.
(This is a mine planet.)
여기는 광산 별이다.
from you are Where?
(Where are you from?)
너는 어디서 왔느냐?
?!

푸하하하!
이 아저씨 말이
너무 뒤죽박죽이야.
영어 너~무 못한다.

건이 너 그렇게
예의 없이 굴다니…
실례잖아.
쯧쯧.
개구리 올챙이 적
생각 못한다더니…
너도 무지
엉망이었거든!

문장으로 너희들은 함부로
누군데 하는 거냐? 얘길
(너희들은 누군데 함부로
문장으로 얘길 하는 거냐?)
어, 이 아저씨,
말을 못하는 게 아니라
이상하게 하는 것 같아.

우린 리버스 마왕과 맞서
싸우는 그램우즈의
용사들이라고요!
왔다고?
그램우즈에서
화들짝

삐이이이익~

아윽! 귀청 떨어지겠네! 왜 갑자기 호루라기를 불고 그러세요!
비상! 비상! 나와라, 보석맨들!
Come out, Jewel-men!
삐
이
익
에메랄드 맨!
Emerald-man!
쿵!
다이아몬드 맨!
Diamond-man!
터키석 맨!
Turkey stone-man!
수정 맨!
Crystal-man
뭐… 뭐야?
루비 맨!
Ruby-man!
번쩍
번쩍

꺄아~
예쁜 보석들이
살아 움직이잖아!
하나 데리고
다니고 싶어~♡
...

티와치의 반응이 없는 걸 보니
그램펫은 아닌 것 같아.

공격하라!
넘어 온 그램우즈에서 녀석들이다!

우리가 그램우즈에서 넘어 온
녀석들이라고 공격하래.
헉! 그 말이
이해가 가?

건이랑 수준이
비슷해서 서로 말이
통하는 게 아닐까?
크악!
저게 또!
그럴지도…

눈 쓰러트려라!
만들어 적을 부시게

얘들 도대체
뭐 하는 거야?

번쩍

눈 부시게 만들어
우릴 쓰러트리겠대.

번쩍

번쩍번쩍 통하지 공격이
저… 저럴 수가! 않다니!
(저… 저럴 수가! 번쩍번쩍 공격이
통하지 않다니!)
이런 것도
공격이라고
할 수 있나?

에잇!! 합체 그렇다면 마인맨으로
워드펫 변신이다!
(에잇! 그렇다면 워드펫 마인맨으로 변신이다!)
삐이익

합체! 마인맨으로 워드펫
(워드펫 마인맨으로 합체)
파아
워드펫?

파아아

두 둥
헉!
예쁜 보석이
괴물로 변하다니…!!

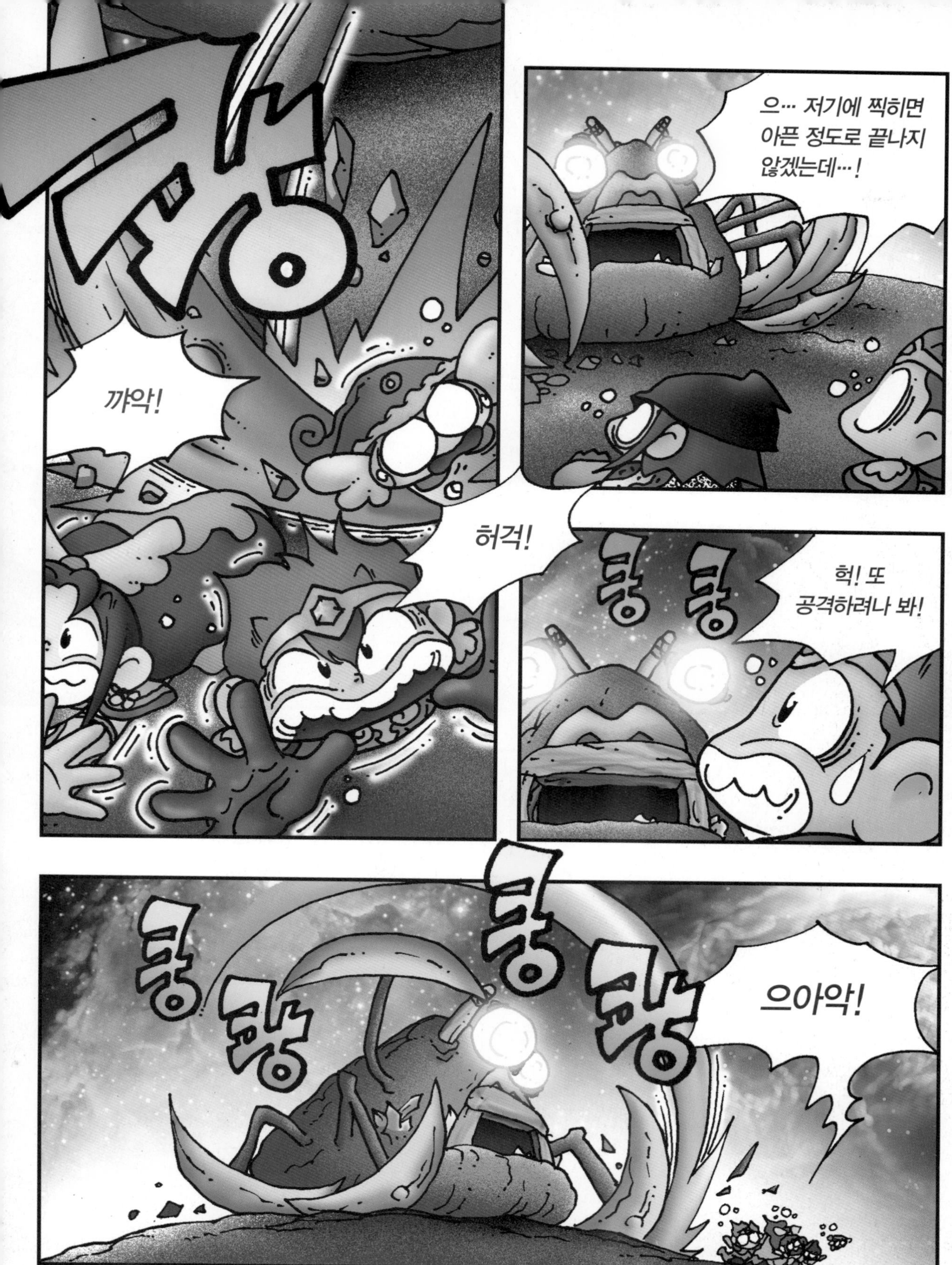
쿵
깨약!
허걱!
으… 저기에 찍히면
아픈 정도로 끝나지
않겠는데…!
쿵 쿵
헉! 또
공격하려나 봐!
쿵 쾅 쿵 쾅
으아악!

꺄아악!
어떻게 좀 해 봐!

그램펫도 아닌데
힘 빼긴 싫다구!

헉!! 뭐야? 고… 고래잖아!!
무지 크다!
고래에 웬 계단이…?
BUS

얘들아, 모두
고래에 올라 타!

버스 표지판이 있는 걸 보니
이 고래가 버스인 것 같아.
BUS

윽! 안 되겠다.
일단 타고 보자!

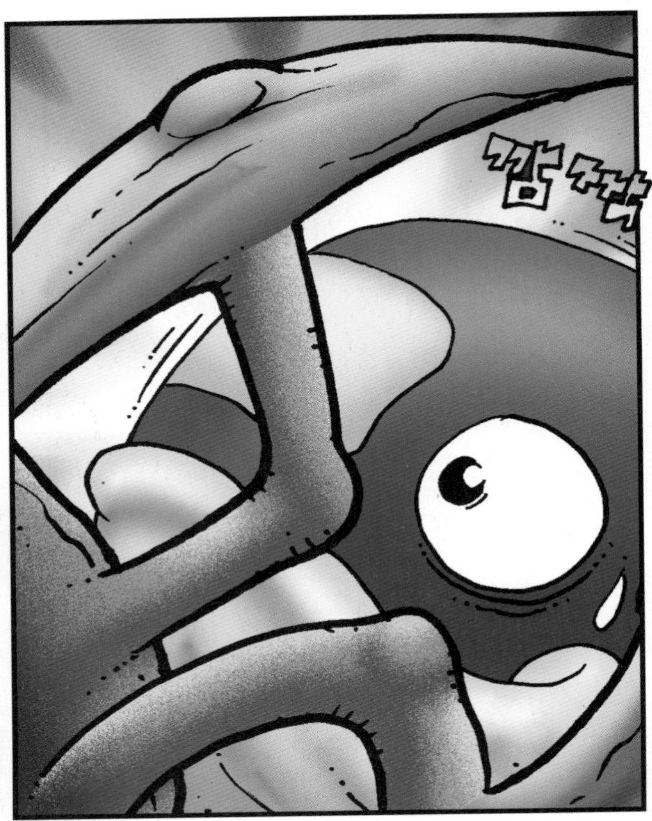
깜짝

콰쾅
사… 살았다!
scape

?
나좀
올려줘~ !!

우아아~!
예쁜 보석들이야!

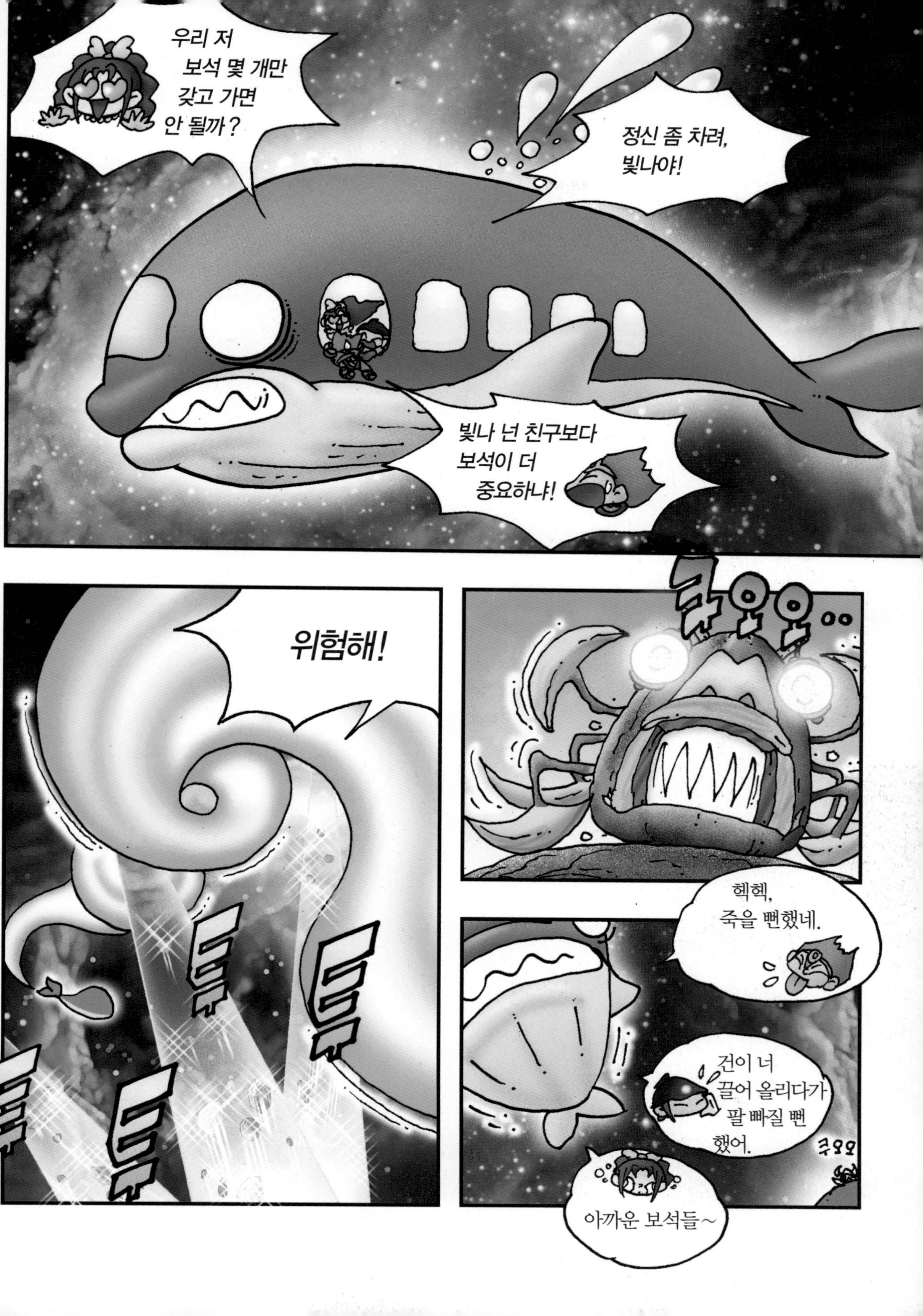

우리 저 보석 몇 개만 갖고 가면 안 될까?
정신 좀 차려, 빛나야!
빛나 넌 친구보다 보석이 더 중요하냐!

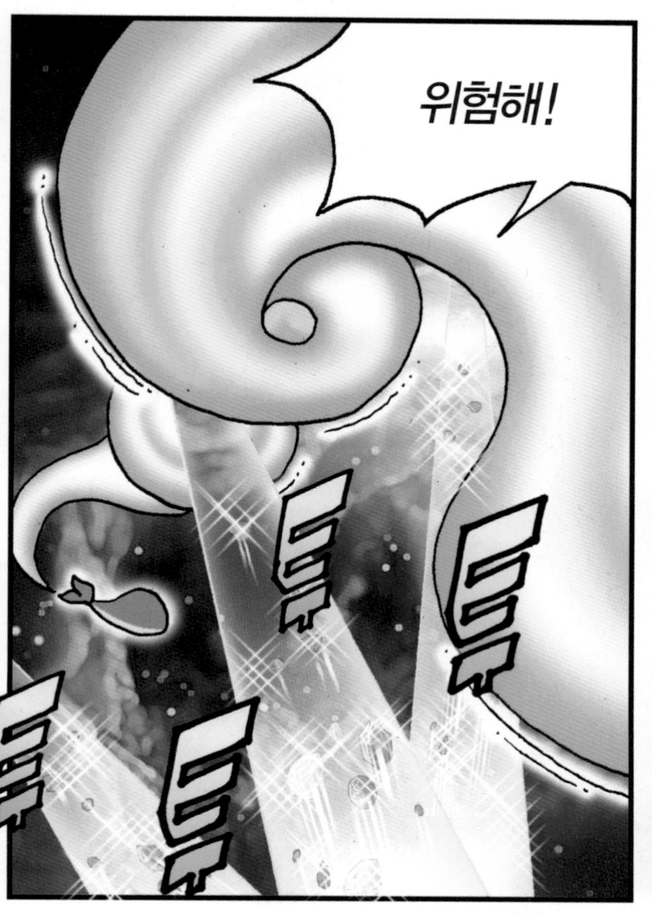

1. 임퍼에게 조종당하는 빛나와 피오
Do, You, Never를 이용한 명령문 강조

정말 이상한 곳이야.
저 괴물도 어떻게 보면
그램펫 같기도 하고…

흐~윽.
아까운 보석들.

헥헥. 십 년
감수했네.

있잖아,
아마도 여긴
워즈랜드인 것 같아.
워즈랜드?

아까 그 광부가
워드펫 마인맨이라고 외쳤잖아.
그랬지.

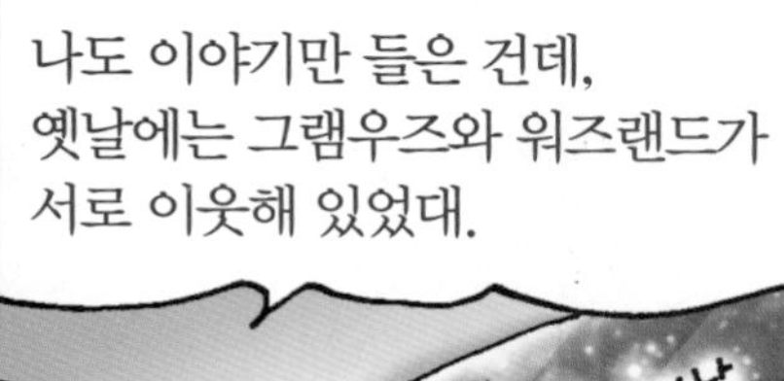

나도 이야기만 들은 건데,
옛날에는 그램우즈와 워즈랜드가
서로 이웃해 있었대.

두 나라의 왕들도 어릴 때부터 굉장히 친해서 서로 자유롭게
교류하며 지냈지.
GRAMM
WOODS
WORDS
LAND

그런데 언제부터인가
갑자기 왕끼리 사이가 나빠지더니,
하룻밤 새에 워즈랜드가 우주로 사라져 버렸대.
왜 사이가
나빠졌는데?

글쎄, 그거야 아무도 모르지만…
워즈랜드 왕, 워드킹이 잘생긴
그램우즈 왕을 질투해서 그랬다는
소문도 있고…
이유가 너무!
유치한거 아냐?

그럼, 워즈랜드가 우주로
사라졌는데… 지금 우리가
그곳으로 날려 온 거야?
아마도…
그런 것 같아.
끙… 뭔가 골치 아픈
세계로 들어온 것 같군.

그나저나 그램우즈로
다시 돌아갈 수 있는 방법은
있는 거야?
글쎄…
나도 우주는
처음이라…

아마 워드킹은 알 것 같은데.
문제는 워드킹이 어느 행성에
있는지 알 수가 없다는 거지.
고생길이 훤히
열린 느낌이…
흐음~

근데 말이야. 혹시 여기
워드펫을 물리쳐도
아이템을 주려나?
뭘 그리 곰곰이
생각하나 했더니…

슥

아… 아냐!
난 그냥 농담
한번 한 거야.
또
버럭할라…

어! 저게 뭐지?
빛나 머리 위에
이상한 게 생겼어.
허억!

그램펫 경고야!
여기까지 쫓아왔어!
아이템!
어떤 녀석이야!

그램펫 임퍼

명령문을 관장하는 닌자형 그램펫. 상대방의 그림자에 숨어들어 상대를 꼭두각시로 만들어 마음대로 조종할 수 있고, 쉽게 다른 대상으로 이동할 수 있어 상대하기가 까다롭다. 그러나 강한 빛이나 완벽한 어둠으로 그림자를 없애 버리면 힘을 전혀 쓰지 못한다.

그렇다면 그램펫이
빛나의 그림자 속으로
숨어들었다는 말이군.
그런데 명령문이라면
너무 쉽잖아.

주어인 you를 생략하고
동사 원형을 문장 앞에 쓰면
되는 거잖아.

흐흐흐~
제법 잘
아는군.
빛나
같지 않아.
기분 나쁜
목소리!

그럼 어디 잘 막아 내는지
한번 볼까? 크크크

Kick your friends' hips!
네 친구들의 엉덩이를 걷어차라!

헉!

꺄울~

이게 무슨 짓이야!
빛나가 저 꼭두각시 조종기에 조종당하는 것 같아.
흔들흔들

그럼 저 조종기만 없애 버리면 되는 거 아냐!?

Fire!
화아악~
흐흐흐… 조종기를 공격하면 그 영향이 실을 타고 네 친구에게 그대로 전달되지.
으~ 함부로 공격도 못하겠군.
빛나 정신 들면 죽었다~

Slap Pio's face!
피오의 뺨을 때려라.
윽!

멀찍이 도망가는 게
상책이다.

빛나한테서 멀리 떨어져
있으면 괜찮겠지.

나와라, 장갑!
Gloves!

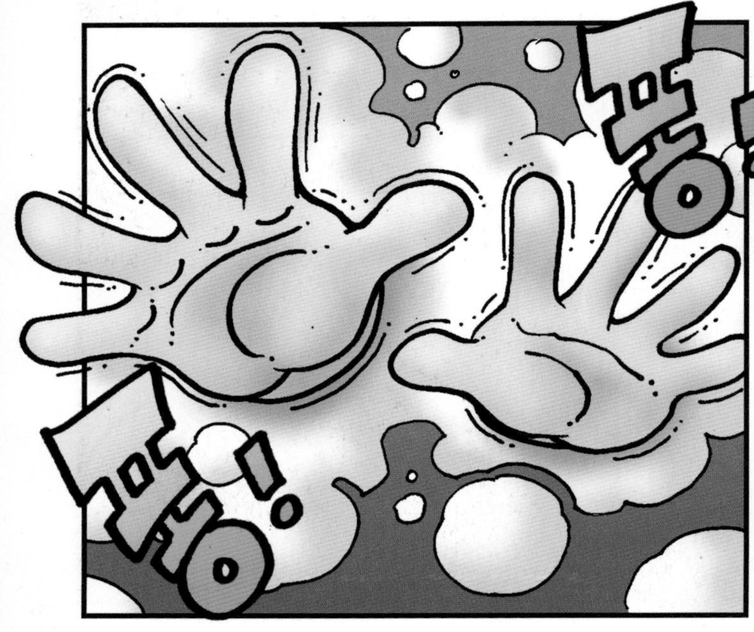

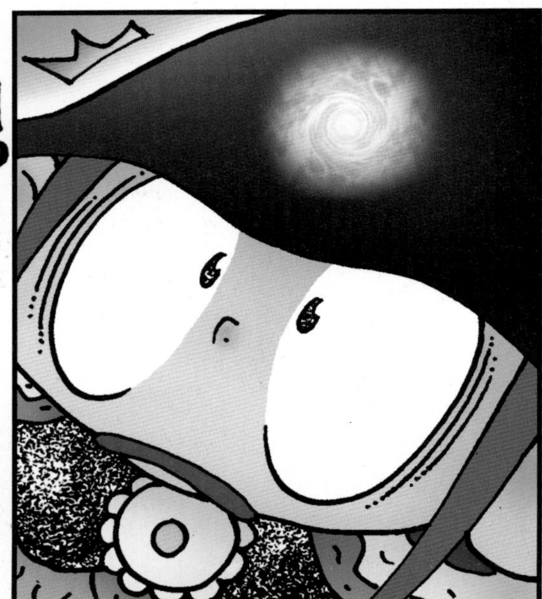

@#%&

이… 이것 좀
어떻게 해 줘!
우헤헤헤. 혼자
살겠다고 도망가더니
쌤통이다.

Trip up Gun's legs!
건이의 다리를 걸어 넘어트려라.
!

나와라, 다리!
A leg!

탁

크억!

벌렁

어째 위험해 보여!
저 생기다 만
마네킹 다리 같은 게
감히 날 넘어트리다니!
벌떡

또!
탁!

크악
벌렁
크악
벌렁
크악
벌렁

헥 헥
아 앙~
가각

아, 얘들아.
부정명령문으로 빛나의
명령을 취소시켜 봐!

부정명령문을
어떻게 만들었더라?
지쳐서
아무 생각도
안나...
!

아, 명령문의 맨 앞에 부정의
말인 Don't를 썼지.
가각

내 뺨을 때리지 마라!
Don't slap my face!
파아앙

잘했어!
됐다!

휴~ 살았다.
뺨에서 불나는 줄 알았네.

좋았어!
그렇다면 나도!

벌렁
아직도
힘이 넘치는군

피오야~
나도 좀
부탁해.
이럴 때만 날 찾냐?
정 그렇게 애원한다면야
어쩔 수 없지.

Don't trip up Gun's legs!
건이의 다리를 걸어 넘어트리지 마라.

오호~ 저 녀석도 제법 똑똑하군. 그렇다면 꼭두각시를 네 녀석으로 바꿔 주지!

윽! 뭐야!
그림자가 움직이잖아!

빛나 머리 위의
조종기가 없어졌어.

정신 차려, 빛나야.
무… 무슨 일이
있었던 거야?

호호… 재미있는 봉을
가지고 있구나. 이걸로
한번 공격해 볼까?

You strike with your
magic stick!
너의 마법봉으로 때려라.

우헤헤…
그램펫도 실수를 하는군.
명령문은 주어 you를
생략해야 하잖아.
!
피오 머리 위에
이상한 게…

큰일이다! 어서 명령문을 취소시켜!
you를 그대로 두면 주어를 더 강조하는
명령문이 된다고.
응?

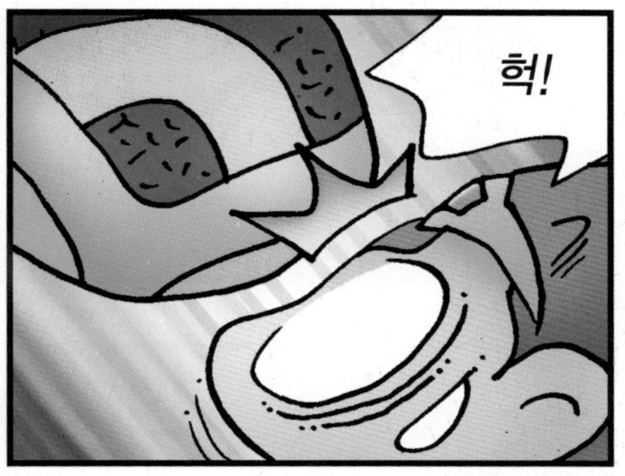
헉!

왜 나만
따라오는 건데?!
붕붕

어… 어떻게 된 거야?
왜 피오가 건이를
공격하는 거지?
피오는 지금
그램펫 임퍼에게
조종당하고
있어.

부정명령문으로
피오에게
내려진 명령을
취소시켜야 해.
아까 피오 머리
위의 조종기가
그거였구나.

그 정도야 간단하지.
Don't strike with your magic
stick.
역시 빛나야.
단번에 해결하는군.

Don't strike with your magic stick.

너의 마법봉으로 때리지 마.

파 아

슈윽

휴~ 살았다.
왜 나한테만 난리래.

헉헉헉

흐흐흐~ 도망 다니느라 땀을
너무 많이 흘린 모양이군.
시원하게 목욕이라도 시켜 줄까?

Do pour down the water!
물을 쏟아 부어라.
파아

Do?
Water!
촤아아아아
허억!
!
안에서
무슨 짓들이야?!
콰콰콰

어… 어푸…
사… 살려 줘!
촤아아

건아, 괜찮아?

흐흐흐~ 너희도 같이 물벼락을
맞고 싶은 모양이군.
Do pour down the water.
윽!

어… 어푸… 명령을
내리지도 않았잖아.
촤아아아아

명령을 내릴 때 주어 you를
생략하지 않고 주어를 강조한 것처럼,
동사 앞에 do를 넣어 명령문의 동사를
강조하기도 해.
촤아아악~

명령문은 "창문 열어", "떠들지 마"처럼 상대방에게 무엇을 하도록 시킬 때 쓰는 말인지는 다 알지? 명령은 지금 앞에 있는 상대방, 즉 너(you)에게 시키는 말이기 때문에 주어 you를 쓰지 않고 그 대신 동사의 원래 모양인 동사 원형을 문장의 맨 앞에 써 주지.

그 정도는 나도 아는 거라고.

You take off your coat.
→ Take off your coat.
네 코트를 벗어.

그럼 am, are, is와 같은 be 동사가 있는 문장을 명령문으로 만들 때는 am, are, is 대신에 be 동사의 원형인 be를 문장의 맨 앞에 써 주는 것도 기억하겠구나!

그랬던가…?

You are careful.
→ Be careful.
조심해!

보통 명령문에서는 주어인 you를 생략한다고 했지? 그런데 이 you를 생략하지 않고 그대로 써 주면 주어 you를 강조하는 명령이 돼.

뭐야, 언제는 빼라고 하더니 이번에는 도로 넣으라고?

엄마가 "방 청소 해!" 하고 말할 때보다 "**너**, 방 청소 해!" 하고 말할 때가 더 무섭지? 이렇게 상대(you)를 콕 집어서 명령을 강조하는 거야.

Clean your room!

You clean your room!

마찬가지로 명령문 앞에 Do를 넣으면 Do가
동사(행동)를 강조해 줘. '반드시', '정말로' 그 일을
해야 한다고 명령을 하는 거지.

Get up now!
일어나렴.

Do get up now!
당장 일어나!

그럼 부정명령문도 강조할 수 있어?

그럼~ '~하지 마라'는 부정명령문은 명령문의 맨 앞에 부정하는 말인 Don't를 넣으면 되는 건 알지?

그럼, 이제 그 정도는 껌이라고.

그런데 Don't 대신에 Never(결코 ~않다)를 쓰면 부정명령을 더 강조해서 '절대로 ~하지 마라' 라는 뜻이 돼.

Never nap!
절대 졸지 마!

Never tell the hints!
절대 힌트를 말하지 마!
오랜만에
등장인데…

에잇! 그렇다면
Never use your water
magic!

Never use your water magic!
너의 물의 마법을 절대 쓰지 마라!

헉헉. 땅 위에서
익사할 뻔했네.

그런 건 제발 미리미리
가르쳐 주라고. 꼭 당하고 나서
가르쳐 주지 말고.
그런건
작가한테 따져~

Do use your strongest magic!
너의 가장 강력한 마법을 써라!
파아야
헉, 또 명령을 내려 버렸다.

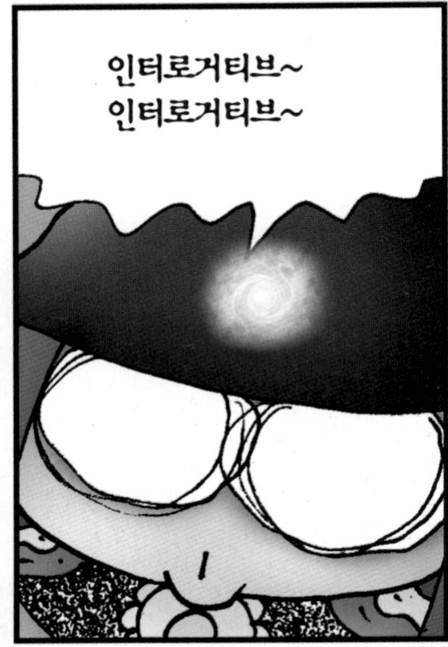
인터로거티브~
인터로거티브~

what 마법을 썼잖아.
저 마법은 부작용이 심한데…
?

번쩍

화악~
?!

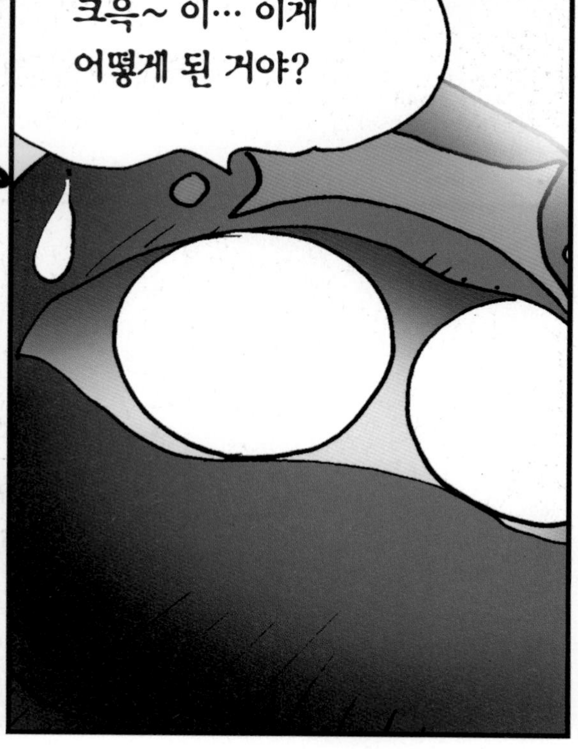
크윽~ 이… 이게
어떻게 된 거야?

맞아! what 마법은 자신에게
제일 필요한 물건을 소환하니까, 피오가
임퍼의 조종에서 벗어나는 데 필요한
강력한 빛이 소환된 거야.

그렇다면 말이 필요 없지!
Fire!

크으윽
피오가 다치는 건
신경도 안 쓰는군..

펑!

응?

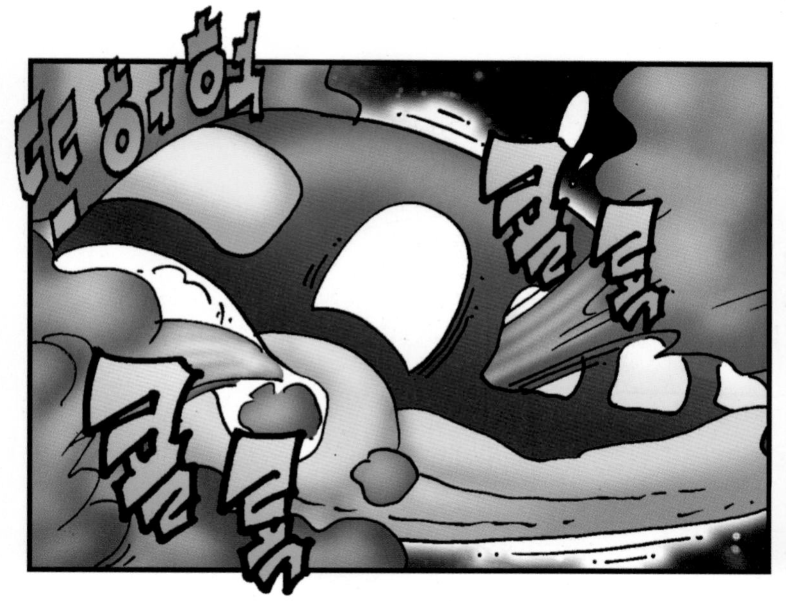

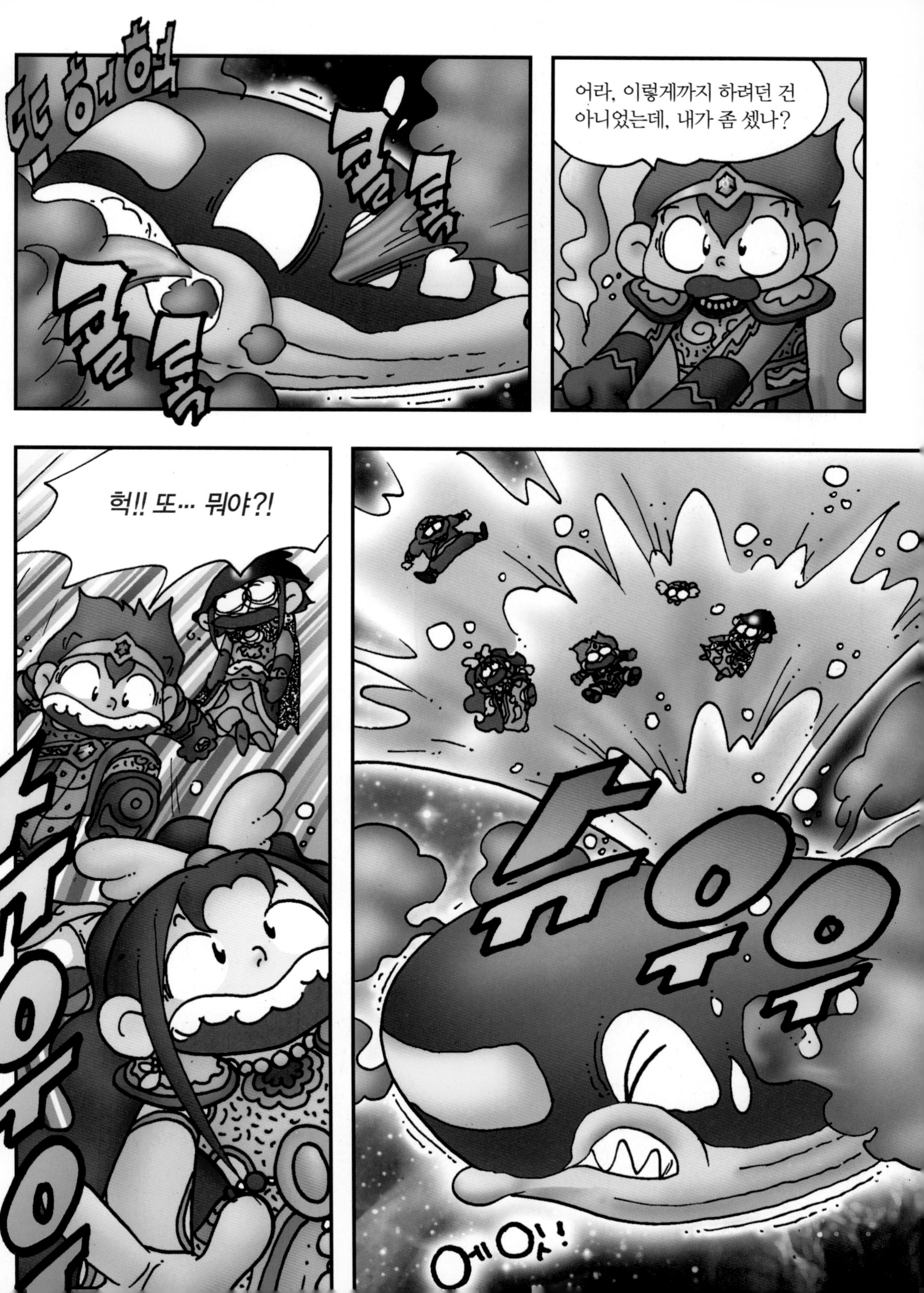

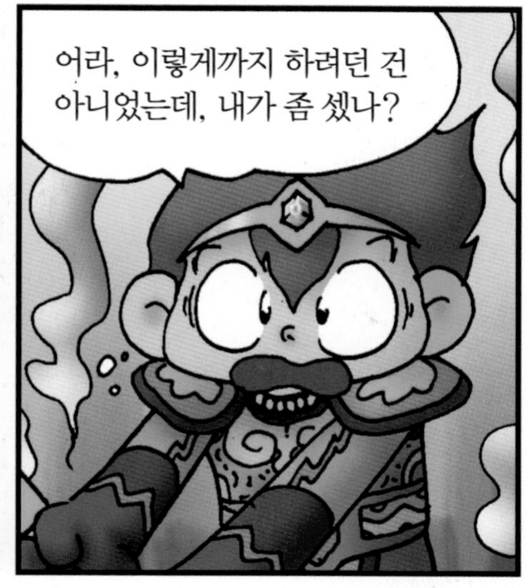
어라, 이렇게까지 하려던 건
아니었는데, 내가 좀 셌나?

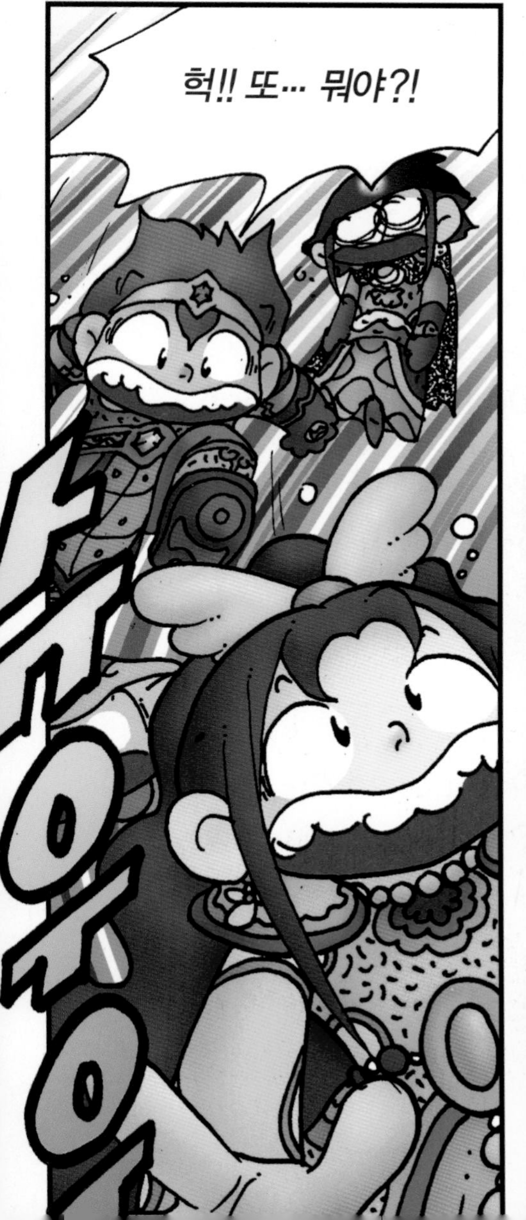
헉!! 또… 뭐야?!

에잇!

울랄라 여왕의 미션 | Do, You, Never로 강력한 명령문을 만들어라 ❶

원정대가 저 멀리 우주까지 날아가 버리고 말았군요.
무사히 워드킹을 찾아서 그램우즈로
돌아와야 할 텐데 걱정이에요.

다음 그림과 문장을 잘 보고 그림에 어울리는 명령문을 연결해 주세요.

- Follow me!  
- Don't eat too much.  
- Don't open the window.

으흐흐흐. 너희가 명령문을 알아?
뭐? 6권에서 배웠다고? 그렇다면 나의 명령문 공격을
부정명령문으로 받아 보시지.

Don't을 이용한 부정명령문을 사용해서 명령문 공격을 막아 보세요.

그램우즈를 구해야 하는 원정대들이
도무지 말을 듣지 않네요. 안 되겠어요.
You와 Do를 이용해서 원정대에게 하는 명령을 강조해야겠어요.

You나 Do를 이용해 다음 명령문들을 강조하세요. 명령문에서 상대방을 강조하고 싶을 때는 You, 동작을 강조하고 싶을 때는 Do를 쓴답니다.

Get up now.

너 당장 일어나!

___Do___ get up now!

Clean your room.

네 방을 청소해!

___you___ clean your room!

Put your hands up.
빵…?
풉!

당장 손 들어!

___Do___ put your hands up!

| Do, You, Never로 강력한 명령문을 만들어라 ❹

날짜 :
점수 :
확인 :

이런, 원정대 공격에 실패한
임퍼가 말썽을 부리고 있어요.
Never를 이용한 명령문으로
천방지축 임퍼를 말려야겠어요.

＊1편의 정답은 173쪽에서
확인하세요.

다음 부정명령문의 Don't에 동그라미를 치고, Never를 사용한 부정명령문을 아래에 써 주세요.

Don't eat food.
Don't take a photograph.
Don't run in the museum.
Don't touch it.

Never eat food.

Never run in the museum.

Never take a photograph.

Never touch it.

2. 그림자를 없애 임퍼를 잡아라

'명령문+and/or', '그러면~' '그렇지 않으면~'

우아아아~
저 고래가 미쳤나?!

뱃속에서 난동을
피워서 화가 났나 봐.

으… 으… 도대체
무슨… 일이야…?

헉! 이대로 가다간
저 별에 충돌하겠다!

빛나야, 부탁해!
오케이~
나만 믿어.

Wind!

휴~
다행이군.

무슨 일이 있었던 거야?
정신이 드니 고래버스에서 쫓겨나
떨어지고 있고…
그게… 반은 임퍼 탓이고
반은 네 탓이지.
맞다!

임퍼의 조종을 받아서
피오 네가 what 마법을
사용해 버렸거든.
윽!!
what
마법을?!
화들짝

임퍼는 어딨어? 잡아서
아이템을 얻어야 하는데!
하여튼
저 인간은…
두리번

?
울렁

커헉!
잡 자샥

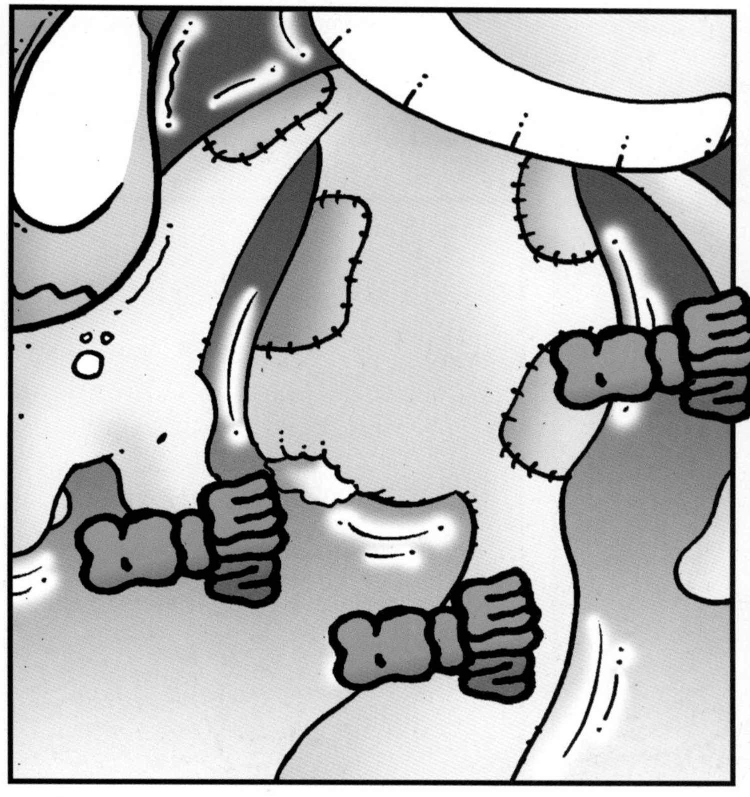
비틀
비틀
비틀

이… 이게… 뭐야?!

균형을 한쪽이 못 잡는다
없어 다리. 깔렸다 피해서 빨리 못.
(다리 한쪽이 없어 균형을 못 잡는다.
빨리 못 피해서 깔렸다.)

비틀 비틀 비틀

뭐야?
토끼 인형이잖아.
끙 끙
헥 헥
놀래라...

그러고 보니 어두워서 몰랐는데
여긴 전부 장난감으로 만들어진 별 같아.

끙끙

와~ 인형들이
다 살아 움직이잖아.
하나 가져가면
안 되려나?
제발
참아줘~
삐리리리...

얘들아, 잠깐 모여 봐.

우리가 그램우즈에서 온 걸 알면
저 인형들도 우릴 공격하려 들지도 몰라.

그러니까 우리도 여기
워즈랜드 사람인 것처럼
말을 뒤죽박죽으로 섞어서
하는 게 어때?
좋은 생각이야. 괜히
그램우즈에서 왔다는 걸
밝혀서 말썽을 일으킬
필요는 없으니까.
칫! 겨우
장난감인데 뭘…

쟨 아직도
저러고 있네.
불쌍해~
콩 콩

아!

나와라, 바늘과 실!
A needle and
a thread.

됐어. 이걸로 토끼 인형
다리를 꿰매 줘야지.

바늘과 실이 너무 작잖아.
그걸로 어느 세월에 저 큰 인형을
다 꿰매?
그런가…?

그럼 형용사의 힘을 더해 주면 되지.
나와라, 커다란 바늘과 긴 실!
A big needle and a long thread!

됐어. 이상하다 모양.
다리 이제 하지만 않는다
떨어지지.
(하지만 이제 다리
떨어지지 않는다.)

고마워. 살았다
덕분에.

찢어졌다 몸. 신경
않았다 아무도 써 주지.
(아무도 신경 써 주지
않았다.)

저 토끼 인형도
고생을 많이 했나 봐.
토끼 인형.
워드킹 지금 우린 간다
만나러. 가면 어디로 돼?
(우린 지금 워드킹 만나러
간다. 어디로 가면 돼?)

바보다? 당연하다 그건.
있다 왕의 별에 왕은.
버스 갈 수 있다 타면.
(왕은 왕의 별에 있다.
버스 타면 갈 수 있다.)
저게! 인형주제에...

따라와라. 안내한다
버스 정류장 내가.
정말?
호오~ 저 토끼 인형
눈썰미가 좋은걸.
건이가 바보인 걸 한눈에
알아채다니.
아뵤~

BUS

다 왔다.
여기 버스 정류장.
고마워,
토끼 인형.
BUS

그런데 아까
버스 안에서
그 난리를 피웠는데
또 태워 주려나?
윽… 그건 그렇군.

소곤
소곤

Catch them all! 저 녀석들을 모두
붙잡아! 그램우즈에서 온 녀석들이야!

헉! 그걸 어떻게
알았지?

윽! 저 조종기는…
그램펫 임퍼야!

오 예! 아이템이
제 발로 걸어 들어왔군!

왔다
그램우즈에서.
그램우즈라고?
웅성
웅성

흥~ 그래 봤자
장난감들인데 우릴 어쩌겠어?
웅성 웅성

팡

팡
워드펫 토이?
그래 봤자
장난감이네.
팡

뭐… 뭐지?
지진인가?

펑
펑
헉! 무슨 장난감이
저렇게 커?
두
둥
둥

크오오-

콱

느릿 느릿

뭐야?
덩치만 커다랗지
느려 터졌잖아.
그러게. 여기까지 오는 데만
삼박사일은 걸리겠다.
저런 워드펫으로 우릴
상대하겠다고?
느릿
흐흐흐…
과연 그럴까?
윽, 저 목소리…
진짜 비호감이다.

헉! 위험!!

움찔

흐흐흐… 이번에야말로 너희들을 없애 주지.
윽! 임퍼가 저 워드펫 토이 그림자 속으로 옮겨 갔나 봐.

Run fast, and you can catch them.
빨리 달려, 그러면 저 녀석들을 잡을 수 있어!

허억!

피해!

어… 어떻게 된 거야?!
갑자기 행동이
빨라졌잖아.

임퍼의 명령 주문이
토이를 빨라지게
만들었나 봐.

완전 폭주하잖아.
눈에 보이는 게 없나 봐.

토이펫이
미쳤다.

그럼 다시 느려지게
명령을 내리면 되지 않을까?
!

오케이~
한번 해 보자.

Don't run!

Don't run!
뛰지 마!

엥?

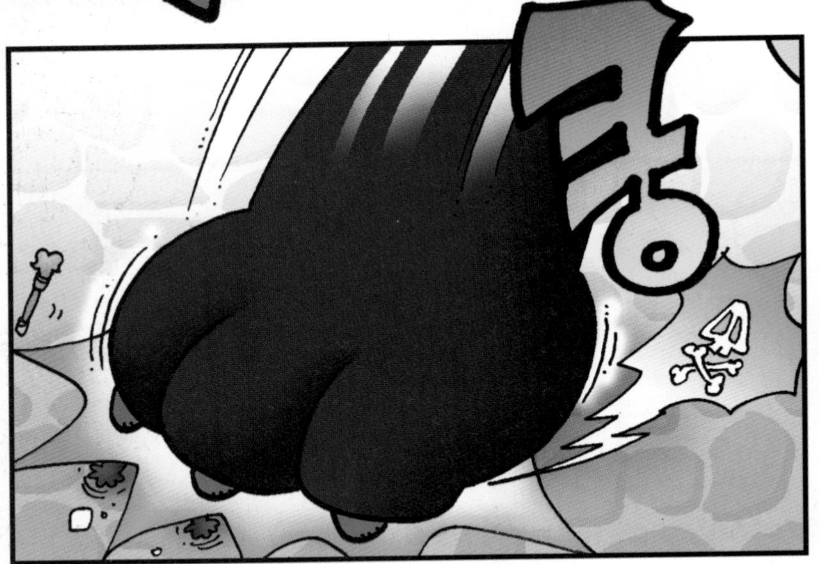
쿵

크으으윽…
이게 어떻게 된… 거야?
분명 문법은
제대로 된 거 같은데…
그러게.
아까는 통했잖아.

그러고 보니까 아까
명령에 접속사 and가
들어간 거 같은데
그것 때문인가?
!

아! 알겠다. 접속사를 이용해
명령을 업그레이드해서
일반 명령으로는 안 통하는 거야.

접속사 and는 '그리고'라는 뜻으로,
접속사 or는 '또는'이라는 뜻으로 앞뒤 단어나 문장을 연결해 주는 역할을 하지.

Stop!

그렇지만 and나 or가 명령문 뒤에 나와서 명령문과 평서문을 연결해 줄 때는 뜻이 달라져.

〈명령문, and ~〉에서 and는 '그러면'이라는 뜻이고, 그 다음에는 명령문을 실행했을 경우의 결과가 나와.

그리고 〈명령문, or ~〉에서 or는 '그렇지 않으면'이라는 뜻이고, 그 다음에는 명령문을 실행하지 않았을 경우의 결과가 나온다고.

Hurry up,
서둘러,
서울역

and

and you will catch the train.
그러면 기차를 탈 수 있을 거야.

or

참, 명령문 다음에는 쉼표(,)를 꼭 찍어 주는 센스~

or you will miss the train.
그렇지 않으면 기차를 놓칠 거야.

Study English hard,
영어를 열심히 공부해,

and

and you can save the Grammwoods.
그러면 그램우즈를 구할 수 있어.

or

or you can't come back home.
그렇지 않으면 집에 돌아갈 수 없어.

Catch the Grammpet,
그램펫을 잡아,

and

and you will get the items.
그러면 아이템을 얻을 거야.

or

or the Grammpet will eat you.
그렇지 않으면 그램펫이 너희들을 잡아먹을 거야.

그램펫을 잡으면 아이템을 얻게 되니까 and를 넣는 거고, 그램펫을 잡지 못하면 그램펫에게 당하게 되니까 or를 넣는 거야.

좋아! and나 or를 이용해서 명령을
내리면 된다는 거지?

Stop or you will slide badly!
멈춰라 그렇지 않으면 심하게 미끄러질 것이다.

허억!

이… 이런…
뭐가… 잘못된 거야?

피오 너까지 건이를 닮아가니?
명령문 다음에는 쉼표(,)를
써야 한다고 했잖아.
왜 또 거기에다
나를 갖다 붙여?!

나한테 맡기고 피오 넌
누워서 구경이나 하시지.

Don't run, and a fire breaks out on the sole of your foot.
break out–일어나다, 발생하다
the sole of your foot–발바닥

Don't run, and a fire breaks out on the sole of your foot.
뛰지 마라, 그러면 네 발바닥에
불이 날 것이다.

켁!

더 빨라져 버렸어.

뭐… 가… 또…
틀렸나?
으휴~
아까 모모가 설명해 줄 땐
어디 갔다 온 거야?
여기서는 '그렇지 않으면'이라는 뜻의
or를 써야지!
털썩
팍

도대체 내가 나서지 않으면
해결이 안 되는군.
Don't run, or a fire breaks out
on the sole of your foot.

Don't run, or a fire breaks
out on the sole of your foot.
뛰지 마라, 그렇지 않으면
네 발바닥에 불이 날 것이다.

헉!

느릿
휴… 일단
느려졌어.
느릿

그래 봤자 잠시뿐이야.
토이한테서 그램펫 임퍼를
나오게 하지 않는 한…
그램펫 임퍼를
나오게 하려면…
아까 버스 안에서처럼…

Oh~ No~
피오의 what 마법만큼은 사절이야!
됐거든!
나도 쓰기 싫거든!

진정들 해. 나한테 좋은 생각이 있어. 피오의 what 마법 없이도 임퍼를 나타나게 할 수 있어.
?

그림자만 없애면 되는 거잖아.
나와라, 입으면 투명해지는 마법 망토!
A magic mantle!
mantle–망토

엇! 빛나 너 비겁하게 혼자만 투명해져서 도망치겠다는 거냐?
내가 너냐?
설마…

모모! 이 망토를
토이한테 걸쳐 줘.
!
엥? 왜
토이한테?

?

됐어!
슥 슥 슥

몸이
투명해지면…

당연히 그림자도
없어지지!
!
두둥
!

오 예~ 나타났군, 아이템!
Fire!

쳇!

두고 보자.
엇! 내 아이템!

Oh ~ no!!!
크아악! 이럴 수가…
코앞에서 놓치다니…

달랑
엥?

바둥바둥
아… 맞다.
지금 토이가
투명한 상태지?
이… 이게 어떻게
된 거야? 날
내려놓지 못해!

그… 그러고 보니 원래
이 별의 인형들도
우릴 공격하려 했었지?
내려놓지
못해!?
어…
어떡하지?

멈추다. 토이.

애들 아니다 나쁜 애들 왔지만
그램우즈에서. 내 다리 붙여 줬다 떨어진.
(애들 그램우즈에서 왔지만 나쁜 애들 아니다.
떨어진 내 다리 붙여 줬다.)

하긴… 날뛰는 걸 재들이
막아 줬다 토이.
(토이 날뛰는 걸 재들이
막아 줬다.)
이야~
저 꼬마 더러운 성질 외에는
보인다 착해. 내려줘 토이.
(저 성질 더러운 꼬마 외에는
착해 보인다.)

bye~

고마워,
얘들아.
잘 있어~

쳇, 결국 아이템은 하나도 못 건졌군. 저 토이라도 쓰러트려 볼 걸 그랬나?

가자!
워드킹이
있는 곳으로!
Let's
Go!

아니건 왔건 그램우즈에서
내동댕이 우주로 치고 싶다.
(그램우즈에서 왔건 아니건
우주로 내동댕이 치고 싶다.)

울랄라 여왕의 미션 | and/or로 명령문을 업그레이드하라 ①

음흉한 임퍼가 다리에 폭탄을 설치했어요. 잘못된 다리로 건너면 우주 저 멀리로 떨어져 버린답니다. 어떤 다리로 건너야 할지 여러분이 원정대를 도와주세요.

다리 앞뒤의 상황을 잘 보고, '그러면' 혹은 '그렇지 않으면'에 동그라미 치세요.

열심히 공부해, [그러면 / 그렇지 않으면] 시험에 합격할 거야.

합격

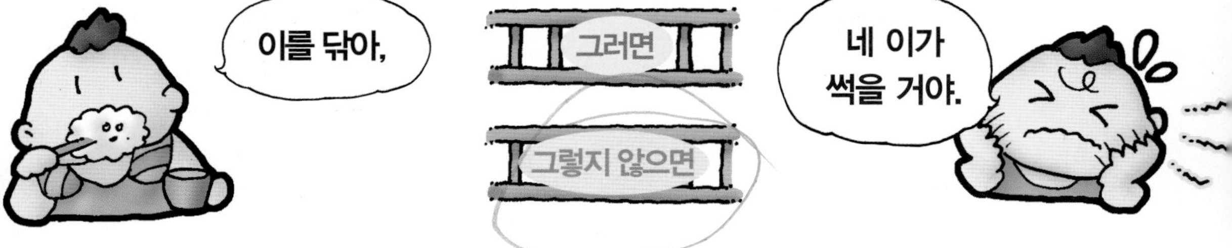

이를 닦아, [그러면 / 그렇지 않으면] 네 이가 썩을 거야.

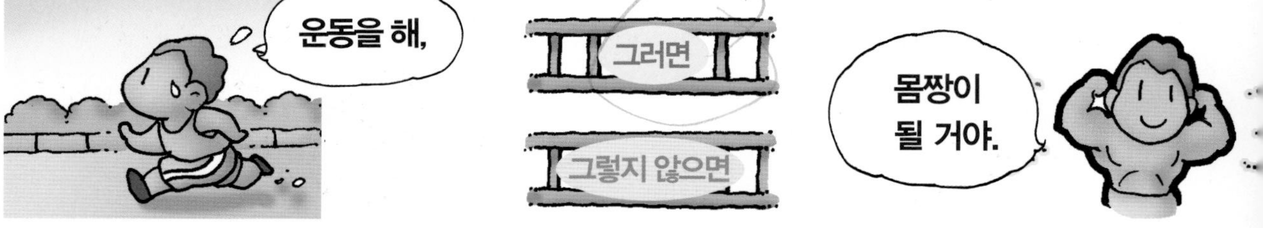

운동을 해, [그러면 / 그렇지 않으면] 몸짱이 될 거야.

역시 잘 하네요. 그런데 이번에는 and와 or를 선택해야 한답니다.
명령문 다음에 and가 오면 '그러면'이라는 뜻이고 명령문을 실행했을 때의
결과가 나오고, 명령문 다음에 or가 오면 '그렇지 않으면'이라는 뜻이고
명령문을 실행하지 않았을 때의 결과가 나온다는 것을 기억하세요.

다음 문장을 보고, and와 or 중에 알맞은 구슬을 통과하여 선을 연결해 주세요.

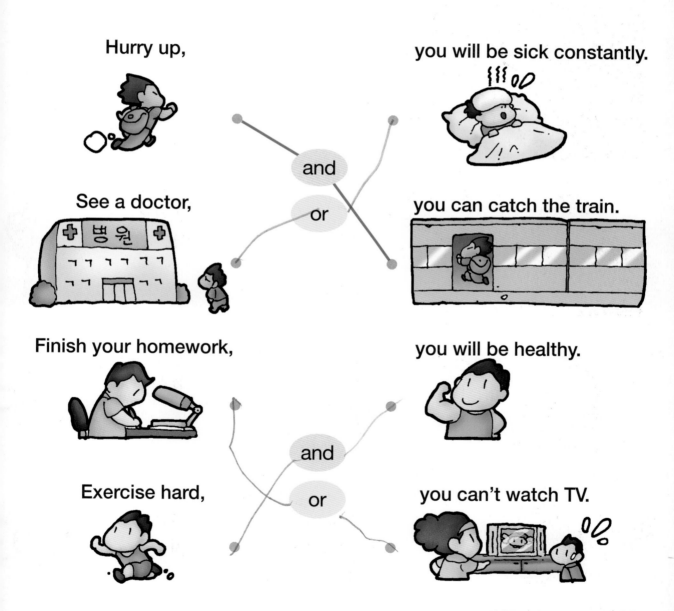

Hurry up,	and	you will be sick constantly.
See a doctor,	or	you can catch the train.
Finish your homework,	and	you will be healthy.
Exercise hard,	or	you can't watch TV.

병원

원정대가 워드킹이 있는 곳까지 가는 길이
참 험난하군요. 각 길마다 and인지 or인지
잘 선택해야, 워즈랜드의 성에 도착할 수 있어요.
각 문장을 잘 읽고 and와 or 중 알맞은 것에 동그라미 하세요.
음…
Take the whale bus,
(and/or) you can't go to the
Word King.
WOW~
Open the box,
(and/or) you can take the map
to the Wordsland.

날짜 :
점수 :
확인 :

* 2편의 정답은
174쪽에서 확인하세요.

Use your magics together, (and/or) the Wordpet will attack you.
헉
헉
헐~
Do pumping, (and/or) you can drink the water.

3. 왕자병 마법에 걸린 워드킹의 성
놀람, 기쁨 등의 감정을 나타내는 문장, 감탄문

고마워, 고래야.
잘 가~
그래…
다시는 보지
말자고.

왠지 썰렁한
느낌이 드는 성이야.

그러게,
사람도 한 명도
안 보이고.

어이~
누구 없어?!

조용히 해!
절대로 무례하게 굴어서는 안 돼.

워드킹은 왕자병이 심해서 누구든 자신을 칭찬하고 찬양하지 않으면 근처에 다가오지도 못하게 한다는 소문이 있어.
모두 그램우즈로 무사히 돌아가고 싶다면 얌전히 굴어야…
전혀 안듣고있거든
아자자~

휴… 꼼짝을 안 하네.
누가 말을 하면 좀 들어라!

어, 여길 봐. 아무래도 이 비석이 문을 여는 열쇠인 것 같아.
a grand door

a grand door 그리고 what, how, ?, !가 적혀 있는 블록이라…
a grand door

what? '무엇'인지 물어볼 때 쓰는 의문사잖아. What is this? 처럼.

그래? 그럼 볼 것도
없이 what과 ?로군.
어… 그건
아닌 것 같은데…
탁
What

척
척
What a grand door ?

끼이이익

아니긴 뭐가 아냐?
간단하구먼.

앞으론 이 건님의
뒤만 따라오라고.

슈
슈
슈
!

쿵!
컥! 이… 이게
뭐야?!!

쯧… 그럼 그렇지.
바둥
바둥

뭐지? 그럼 how인가?
how는 '어떻게, 얼마나'라는
뜻의 의문사인데…
How old are you?처럼…
What a grand door ?

How a grand door?
어떻게… 웅장한 문…?
이건 말이 안 되는데.
그럼 ?를 !로
바꿔 볼까?

꽁
그러다 문이 더
작아지면 어쩌려고!

내 목도
아닌데 뭐.
피오, 너!
ㅋㅋ…
철컹

What a grand door!
정말 웅장한 문이야!
휴우우

헉…
죽는 줄 알았네.
아깝군!
보낼 수 있었는데…
What

아… 알겠다!
이건 what을 이용한 감탄문이야!
왕자병에 걸린 워드킹의 성이라서
감탄문을 사용해야 하나 봐!
감탄?

Oh!
Wow!
Oops!
뭐, 이런 거?
뭐, 그것도
맞긴 맞고…

놀람, 기쁨 등의 감정을 나타내는 문장을
감탄문이라고 해. what은 '무엇'을 물어보는
의문사로 쓰이기도 하지만, 감탄하고자 하는 말 앞에
붙어서 '정말, 매우'의 뜻으로 쓰이기도 한다고.
그만해!
Gee~

What a cute girl!
정말 귀여운 소녀구나!
이렇게 말이지.
어머~♡
새삼스럽게~

정말 쉽군.
What an ugly boy!
ugly-못생긴
아뵤오~

!

이… 이게…
뭐야?!
It is a fantastic body.

문을 가로막고
있는 걸 보면
이 석상이
열쇠겠지?
으… 진짜 워드킹도
뭔가 비정상적인 거 같아.
이런 걸 문을 여는 열쇠로
만들어 놓은 거 보면…

흠… 아무래도 이 문도
석상에 쓰인 문장을 감탄문으로
바꿔 줘야 열리는 거겠지?
It is a fantastic body.

이… 이렇게?
What it is a fantastic body!
파
앗

It is a fantastic body.

와락
커헉!

크으으…
뭔가 기… 기분이…
꿈틀
꿈틀

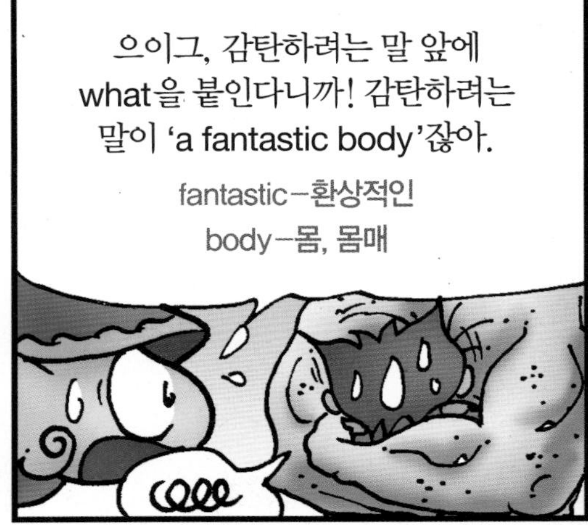

으이그, 감탄하려는 말 앞에
what을 붙인다니까! 감탄하려는
말이 'a fantastic body'잖아.
fantastic-환상적인
body-몸, 몸매

그럼 What a fantastic body라고 한 다음에 it is는 어떻게 해?
그건 문장 맨 뒤로 보내고, 때로는 생략하기도 해.
으~ 닭살돋아!
진짜 괴롭겠군..

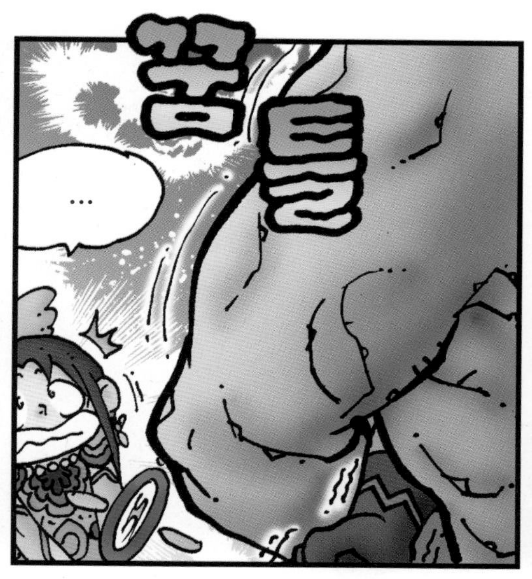
꿈틀
…

으… 소름 끼쳐서
차마 내 입으로 말을 못 하겠어.
비켜 봐.
내가 할게.

What a fantastic body it is!

What a fantastic body it is!
정말 환상적인 몸매야!
꼬야

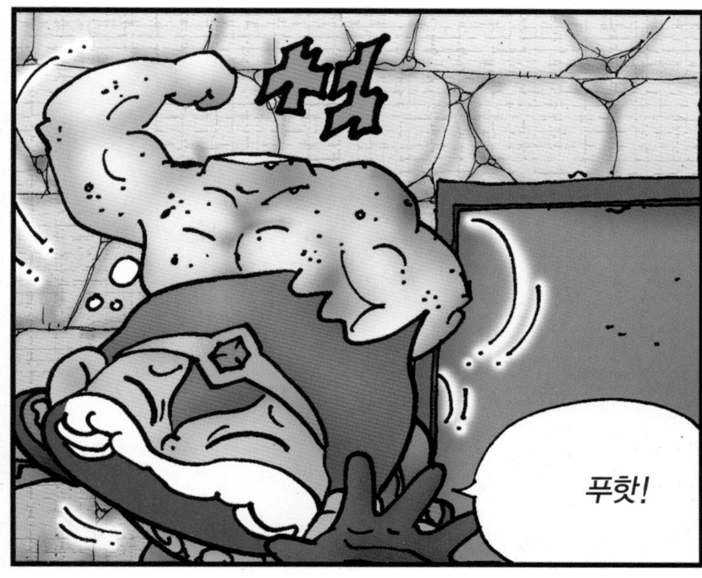
푸핫!

헉헉… 소름 끼쳐서
죽을 뻔했다.
헉
헉
어지간히
싫었나 보군.

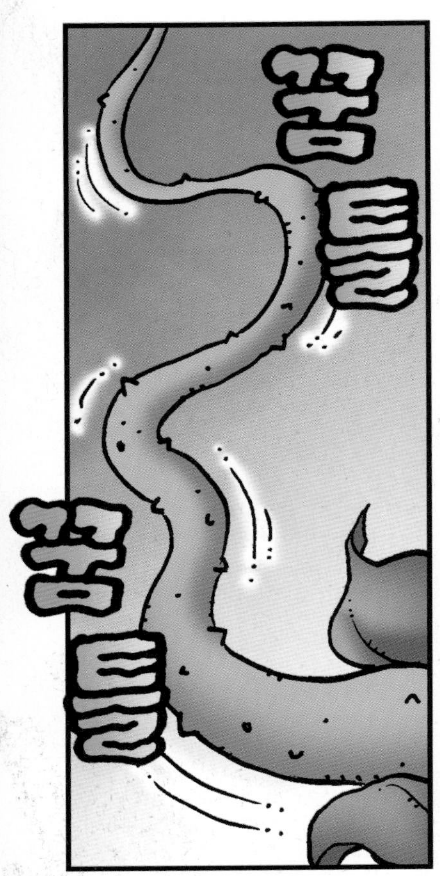
꿈틀
꿈틀

두
둥
윽!
이건 또 뭐야?
How
How
How

How
꿈
물

으… 기분 나쁘게 생긴
꽃들이 살아 움직여!
진짜
취향 특이하군.

이것도 감탄문이 열쇠겠군.
beautiful flowers 앞에 what을 붙여서,
What beautiful flowers!
정말 아름다운 꽃들이구나!
아까 너무 시달려서 십년은 늙었나봐

허어억!

화악

How

How

How

왜! 맞잖아!
붕
붕
붕
휴~
먼저 안 나서길
잘했군.
How
How

아! 꽃들에 How라고
써 있는 걸 보니 how를 이용한
감탄문을 써야 하나 봐.
아까는 what을
이용하라면서~!

감탄하고자 하는 말에 명사가 있을 때는
앞에 what을 붙여서 감탄문을 만들지만,
형용사나 부사만 있을 때는
앞에 how를 붙인다고.

그러니까 저 꽃들에게
how를 이용한 감탄을 해 주려면
명사인 flowers는 쓰면 안 되는 거야.
그런 건 진작에
이야기하라고!
흠...
그렇구나~
어째 많이
익숙한 대사인데...

그렇다면,
How beautiful!

How beautiful!

정말 아름답구나!

으… 아무래도 앞길이
편안하진 않을 거 같군.
쳇- 재미없게
멀쩡하네

에고고, 힘들다. 정작 워드킹, 본인은 얼마나 잘났는지 보자고. 이렇게 감탄만 듣고 싶어 하는 왕자병 같으니라고.

놀람, 기쁨 등의 감정을 나타내는 문장을 감탄문이라고 해. 그냥 문장 끝에 느낌표(!)를 붙이거나, 아까 건이처럼 Oh, Wow, Oops, Gee와 같은 감탄사를 이용해서 감탄을 나타내기도 하지만, 감탄하려는 말 앞에 What이나 How를 붙여서 감탄문을 만들기도 하지.

어쨌든 워드킹이 있는 곳까지 가려면 감탄문에 대해서 알 수밖에 없어.

What a delicious cake!
이야, 진짜 맛있는 케이크다!

How delicious!
이야, 진짜 맛있다!

What a sad movie!
흑흑, 정말 슬픈 영화야!

How sad!
흑흑, 정말 슬퍼!

What을 붙이는 경우와 How를 붙이는 경우의 차이를 찾았니?

그래, 감탄하려는 말에 사람(피오)이나 사물(케이크)과 같은 명사가 있으면 What을 사용하고 명사가 없이 '맛있다' '빠르다'와 같이 상태나 성질을 나타내는 형용사나 부사만 있으면 How를 사용해.

How + 형용사/부사!
What + (a/an) + 형용사 + 명
말의 순서는 이렇게 하면 돼

Nice shoes!
형용사 명사
→ What nice shoes!
정말 멋있는 신발이네!

Fast!
부사
→ How fast!
진짜 빠르다!

그런데 감탄문의 끝에
주어와 동사가 숨어 있다는 걸 아니?
What a delicious cake (it is)!
How sad (it is)!
이렇게 말이지.

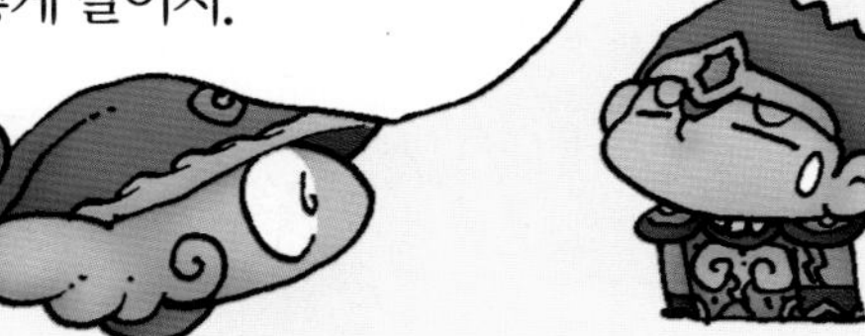

에?
그건 또 뭐야?

모든 문장의 기본인 평서문이
감탄문으로 바뀔 때, 그 평서문의
흔적이 감탄문에 남아 있는 것이지.

WOW!

관사 형용사 명사

She is a beautiful girl. 그녀는 아름다운 소녀이다.

감탄하고 싶은 말

What a beautiful girl she is! 그녀는 정말 아름다운 소녀구나!

부사

He runs fast. 그는 빠르게 달린다.

감탄하고 싶은 말

How fast he runs! 그는 정말 빠르게 달리는구나!

감탄하고 싶은 말 앞에 what이나
how를 붙인 후, 문장 맨 앞에 있던
주어와 동사는 문장 맨 뒤로 보내고,
때로는 생략하기도 해.

여기서 잠깐!
감탄문의 어순을 헷갈리면
자칫 의문문이 될 수 있으니
주의하라고!

How old are you?
몇 살이신가요?
80살…
건이임ㅋㅋ

How old you are!
폭삭 늙었군요!
에고, 허리야~

We are famous.

이번엔 초상화가
날아다녀!

껄 껄 껄 껄 껄

허락도 없이
우리 성에 들어오다니!
모두 없애 주마!

오호호홍~ 귀여운 아이네~
딱 내 스타일이야.

감탄하려는 말이 famous니까
앞에 how를 붙이고,
we are는 you are로 바꿔서,
How famous you are!
정말 유명하구나!

How famous you are!

열쇠들이
정말 비호감이야.

쉬이익

워드킹인지 뭔지 이상한 사람인가 봐. 이렇게 엽기적인 마법이나 걸어 놓고…
여긴 또 왜이리 어두워

제발 말조심하라니까!

깜짝
괘씸한! 감히 나에게 이상한 사람이라니!

어디서 온 녀석들인지 모르겠지만,
내 당장 버릇을 고쳐 주마!

아… 아니
그게 아니오라,
폐하.
에…
그… 그게…
허둥
지둥

What a brilliant king you are!
정말 명석하신 왕이십니다요!
How handsome you are!
정말 잘 생기셨습니다요!
하여튼 입이
방정이라니까…

닥쳐라! 이제 와서
아부해 봤자 소용없다.
난 몰라, 네가 책임져.

뭔가 이상하지 않아?
저렇게 큰소리로 호통을 치는데
몸은 조금도 움직이지 않잖아?

내 당장 너희들에게 큰 벌을 내릴 것이다!
정말,
그러고 보니…

헉! 피오
잰 또 왜 저래?!

무… 무엄한 녀석!
무… 무슨 짓이냐?!

무… 무엄한지고!
당장 내려놓지 않으면
큰 벌을…
이 뒤쪽에
이상한 게
있는데?
바둥
바둥

뭐야? 설마 이 개구리가 워드킹이야?
누가
개구리라는 거냐?
난 두꺼비다!

난 워드킹의 시종관 토드다!

시종관이
뭔데?
글쎄… 왕의 하인 같은
거라고 해야 하나?

뭐야, 그럼.
하인 주제에 그렇게
큰소리친 거야?
무엄한! 워드킹이
제정신이셨으면 너희들은
여기까지 오지도 못했을 거다!

저게 워드킹인가?
저… 저… 감히 워드킹께 저게라니!

그런데 워드킹이 왜 저렇게 되신 거야?
크… 흑… 거기에는 눈물 없이는 들을 수 없는 깊은 사연이 있지.

모두들 알듯이 아주 옛날 워즈랜드와 그램우즈의 왕은 어렸을 때부터 절친한 친구였지. 두 사람 사이에 공주 울랄라가 나타나기 전까진 말이야.

워드킹은 울랄라 공주에게 첫눈에 반해서 갖은 선물 공세를 펼쳤지만, 울랄라 공주는 그램우즈의 왕과 결혼을 해 버리고 말았어.

이에 슬픔에 빠진 워드킹은
그램우즈와의 교류를 끊고
아예 다른 차원으로 워즈랜드를
옮겨 버리고 만 거야.
GRAMM
WOODS

그러나 워드킹의 슬픔은 더욱 깊어졌고
결국 자신의 꿈속에 스스로를 가두어
현실에서 도피하게 되셨지.

그러자 방치된 워즈랜드는 점점 황폐화되었고,
그 영향으로 워즈랜드의 문법까지
엉망이 되어 버린 거지.

성을 지키던 사람들도 시간이 지나자
하나둘씩 떠나 버리고 나 혼자 남게 된 거야.
WORD

모두들 성을 떠났지만,
난 시종관으로서 워드킹의
곁에서 성을 지키고 있었다고.

칫, 뭐야. 사실 자기도
도망가고 싶었지만
감탄문을 제대로 구사하지
못해서 나가지 못하고
갇혀 있었던 거 아냐?
허… 험…
무… 무슨 소리를…
핵심을 찔렸군.

울랄라 여왕의 미션 | 감탄문으로 성문을 통과하라 ❶

내가 옛날에 차 버린 워드킹이 아직도 나를 못 잊고 있을 줄은 몰랐네요. 하긴 내 미모가 워낙에 출중하기는 했지만요. 호호호. 예전에 워드킹이 나에게 했던 수많은 What 감탄문 중 일부를 공개하도록 할게요.

What을 이용해서 다음 감탄문을 완성해 보세요. 사물이나 사람을 감탄할 때는 What을 사용한답니다.

What a beautiful woman she is!

What silky hair it is!

What twinkling eyes they are!

What charming lips they are!

What soft hands they are!

명사가 복수이거나 셀 수 없을 때는 관사가 붙지 않아요.

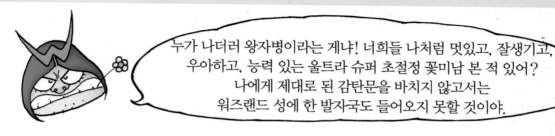

| 감탄문으로 성문을 통과하라 ❷

누가 나더러 왕자병이라는 게냐! 너희들 나처럼 멋있고, 잘생기고,
우아하고, 능력 있는 울트라 슈퍼 초절정 꽃미남 본 적 있어?
나에게 제대로 된 감탄문을 바치지 않고서는
워즈랜드 성에 한 발자국도 들어오지 못할 것이야.

'맛있다', '빠르다'와 같이 상태나 성질을 나타내는 형용사나 부사를 감탄할 때는 How를 사용해요. 다음 그림을 보고 알맞은 형용사나 부사를 찾아서 넣어 주세요.

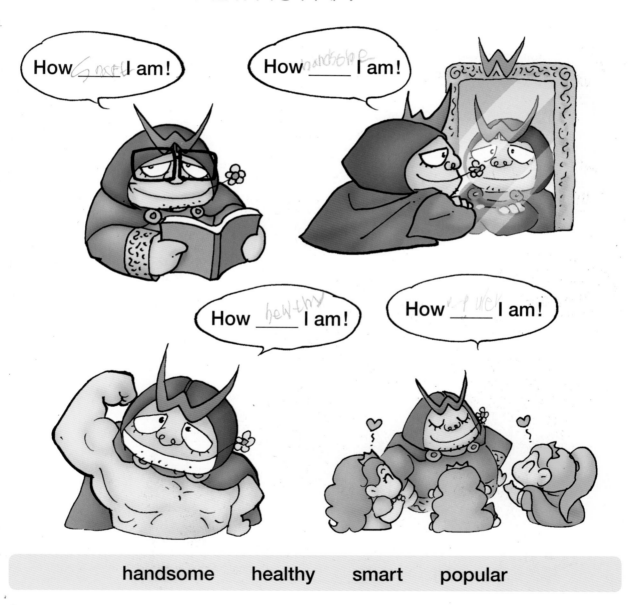

How ____ I am!

How ____ I am!

How ____ I am!

How ____ I am!

handsome healthy smart popular

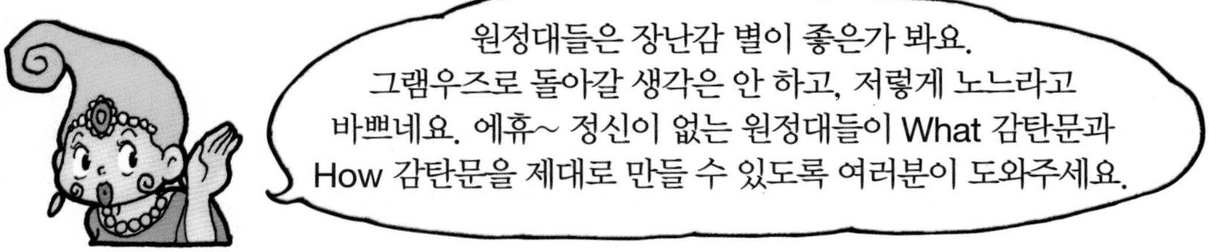

원정대들은 장난감 별이 좋은가 봐요.
그램우즈로 돌아갈 생각은 안 하고, 저렇게 노느라고
바쁘네요. 에휴~ 정신이 없는 원정대들이 What 감탄문과
How 감탄문을 제대로 만들 수 있도록 여러분이 도와주세요.

원정대들이 하는 감탄문에 What과 How를 바르게 넣어 주세요. 참, 감탄문 맨 뒤의 주어와 동사는 살짝 숨겨 놓았어요.

______ sweet cotton candies!

______ quick!

______ a smart robot!

______ a big bear doll!

______ funny!

*3편의 정답은 175쪽에서 확인하세요.

날짜 :

점수 :

확인 :

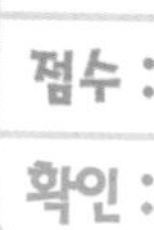

이런, 감탄문과 의문문이 뒤죽박죽 섞여 있네요. 워즈랜드 성의 성문을 통과하려면 감탄문만을 말해야 하는데 원정대가 잘 할 수 있을까요? 참, 문장 끝에 느낌표가 있는 게 감탄문이라고 죽어도 말할 수 없어요!

다음 문장 중에서 감탄문을 골라 동그라미 치세요.

What is this?
What a cute girl!

How old are you?
I'm 80 years old.
How old you are!
에고, 허리야~

How tall are you?
I am 10m.
How tall you are!

What do you want?
What a tricky guy!

4. 워드킹의 꿈속으로 들어가다

'만약에 ~라면'이라는 뜻의 접속사 If

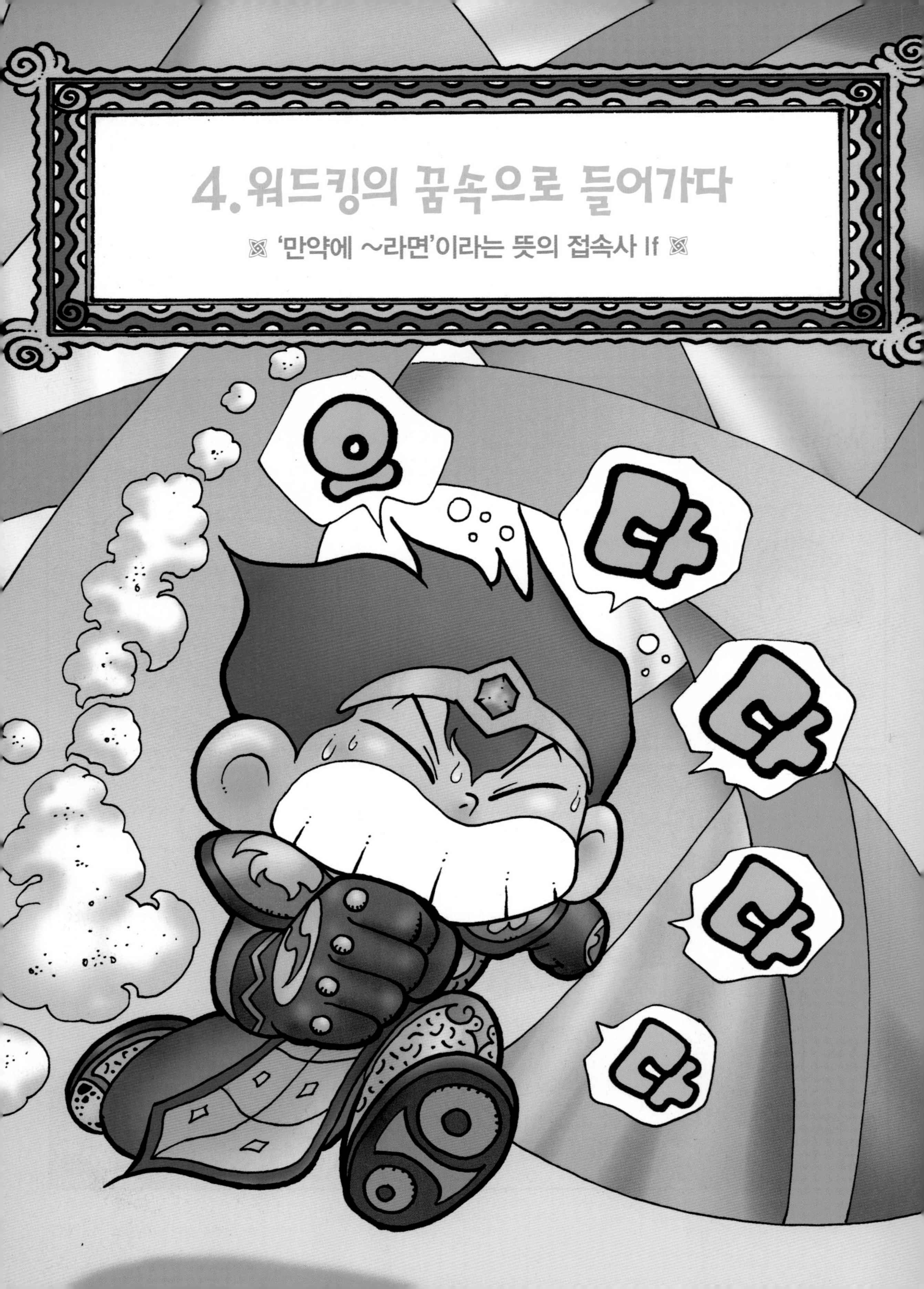

에휴~ 워드킹이 저러고 있으니
어떻게 그램우즈로 돌아간담?
여기까지 괜한 헛고생하며 왔네.

그램우즈?
그램우즈로
돌아가고 싶다고?

흠… 그러게…

오호~ 너희들
그램우즈에서 온 모양이군.
그렇다면 아주 방법이
없는 건 아니지.
오옷!!
방법이 있는 거야?

너희들이 워드킹의 꿈속으로
들어가 워드킹을 꿈에서 깨어나게
해 준다면, 내가 워드킹께 말씀드려
너희들을 그램우즈로
돌려보내 주겠다.

워드킹의 꿈속으로
들어가라고?
게다가 워드킹을 어떻게
깨우라는 거야?

후후후… 꿈속으로 들여보내 주는 건
내가 해 줄 수 있지만 워드킹을
깨우는 건 너희들 능력에 달렸지.
어때? 한번 해 볼 테냐?

쩝… 이건 뭐 선택의
여지가 없잖아…
구시렁 구시렁…
뭔가
사기꾼 냄새가
…
씨익~

아직 한다는
말은…
좋아! 계약 성립이다!
뭐… 뭐야?!!
제멋대로…

If you want, you will go
to the dream of Word King.
만약에 너희가 원한다면, 너희는 워드킹의 꿈속으로 갈 것이다.
꼬나 앙

이… 이게 뭐야?
어… 어~~?

If…?

뜨아아~
핑글핑글 돈다아~

한 가지 명심할 점은 그곳은 If의 마법만이 통하는 곳이라는 것이다! 게다가 너희가 워드킹을 깨우지 못한다면 너희는 계속 그 꿈속에서 살아야 한다!

그런 건 미리
말해 줬어야지!!!

깜빡
아무것도 안 보이잖아.
이래서 어떻게 워드킹을 찾아!
휴… 만약에… 만약에…
해가 뜬다면,
세상이 밝아질 텐데.
누구야?
내 얼굴을 밟은 게?
만약에…
만약에…?

아! If!
아까 토드가 우리를
이곳으로 보낼 때,
If를 사용했었지!

그래. 피오, 네가 말한 문장
앞에 If를 붙여서 주문을
외워 봐!
If를?

해가 뜨다. The sun rises.
세상이 밝아질 것이다. The world will be bright.
If the sun rises, the world will be bright.
만약에 해가 뜬다면, 세상이 밝아질 것이다.
이렇게?
그렇지!

번쩍

슝
웅
우와! 피오.
어떻게 한 거야?
글쎄…
난 모모가 하라는 대로
한 것뿐이야.

만약에 임퍼를 잡는다면,
이번에야말로 아이템을 하나
얻을 수 있을 거야.

하여튼 아이템 타령~.
그런데 그 '만약에 ~한다면'
이라는 말을 영어로 하려면
어떻게 해야 할까?

아까 모모 네가 If를
문장 앞에 붙이라고 했었지?

맞아. '만약에 ~라면'이라는
뜻을 가진 접속사 If를 문장 앞에
쓰기만 하면 돼.

"If I go to the Everland~"
"만약에 에버랜드에 간다면…"

"If I discover the money on the street~"
"만약에 길에서 돈을 발견한다면…"

그리고 그 다음 문장에
그 결과를 말하면 되는 거야.

"If I go to the Everland, I can ride
a roller-coaster heartily."
"만약에 에버랜드에 간다면, 놀이기구를
실컷 탈 수 있을 거야."

"If I discover the money on the street,
I will give it to the policeman."
"만약에 길에서 돈을 발견한다면, 경찰 아저씨에게
가져다 드릴 거야."
If가 붙은 앞문장과
뒷문장 사이에는
역시 쉼표(,)를
꼭 찍어 줘야 해.

'만약에~' (조건) / '~일 거야.' (결과)

If you eat too many candies,
만약 네가 사탕을 많이 먹으면,

your teeth will be decayed.
너의 이가 썩을 거야.

If you do good things,
만약 네가 착한 일을 하면,

Santa Claus will give you a gift.
산타클로스가 너에게 선물을 줄 거야.

If it snows tomorrow,
만약 내일 눈이 오면,

we will make a huge snowman.
커다란 눈사람을 만들 거야.

어, 그런데
'내일(tomorrow)'이
들어 있는 문장에서 왜 will을
써 주지 않는 거지?

역시, 빛나는 예리해.
'만약에 ~라면'이라는 뜻을 가진
If 문장이 미래의 상황을 나타낼 때도
미래 시제를 쓰지는 않아.
왜냐하면 If(만약에 ~라면)의 뜻에
미래의 의미가 담겨 있기 때문이지.
아직은 일어나지 않은 일이니까.
이걸 '현재가 미래를 대신한다'라고 해.
좀 어렵나? 그럼 그냥 잊어버려~

그러고 보니 아까 그
두꺼비 시종관이 If
어쩌고 했던 것 같아.
헉… 저… 저게…
뭐야??

코끼리인가?
뿌우우우~
새…
같은데…?

저건… 말 머리에
뱀 꼬리가 달렸어!
동물들이 뒤죽박죽이야.
히히힝~
태양도 느끼하게
생겼어.

워즈랜드가 왜 이상하게
변했는지 알 거 같군.
워드킹 꿈속이 이렇게
엉망이니…
우웩~
먹을 수
있으려나?

그나저나 이래선 어디로 가야 워드킹을 찾을 수 있는지 알 수가 없잖아.
퉤… 퉤… 맛없어.
읍~

If 마법을 이용해 보면 어떨까?
좋은 생각이야. 그럼 주문을 외워 보…

꺄울~~~!! 도… 도와줘.
탁
탁

정신없으니까 가만히 있지 못해?!!
네…

If there is a milepost, we can meet the Word King.
만약 이정표가 있다면 워드킹을 만날 수 있을 거야.
milepost－이정표

정말 엉망진창인
세상이군.

Word King

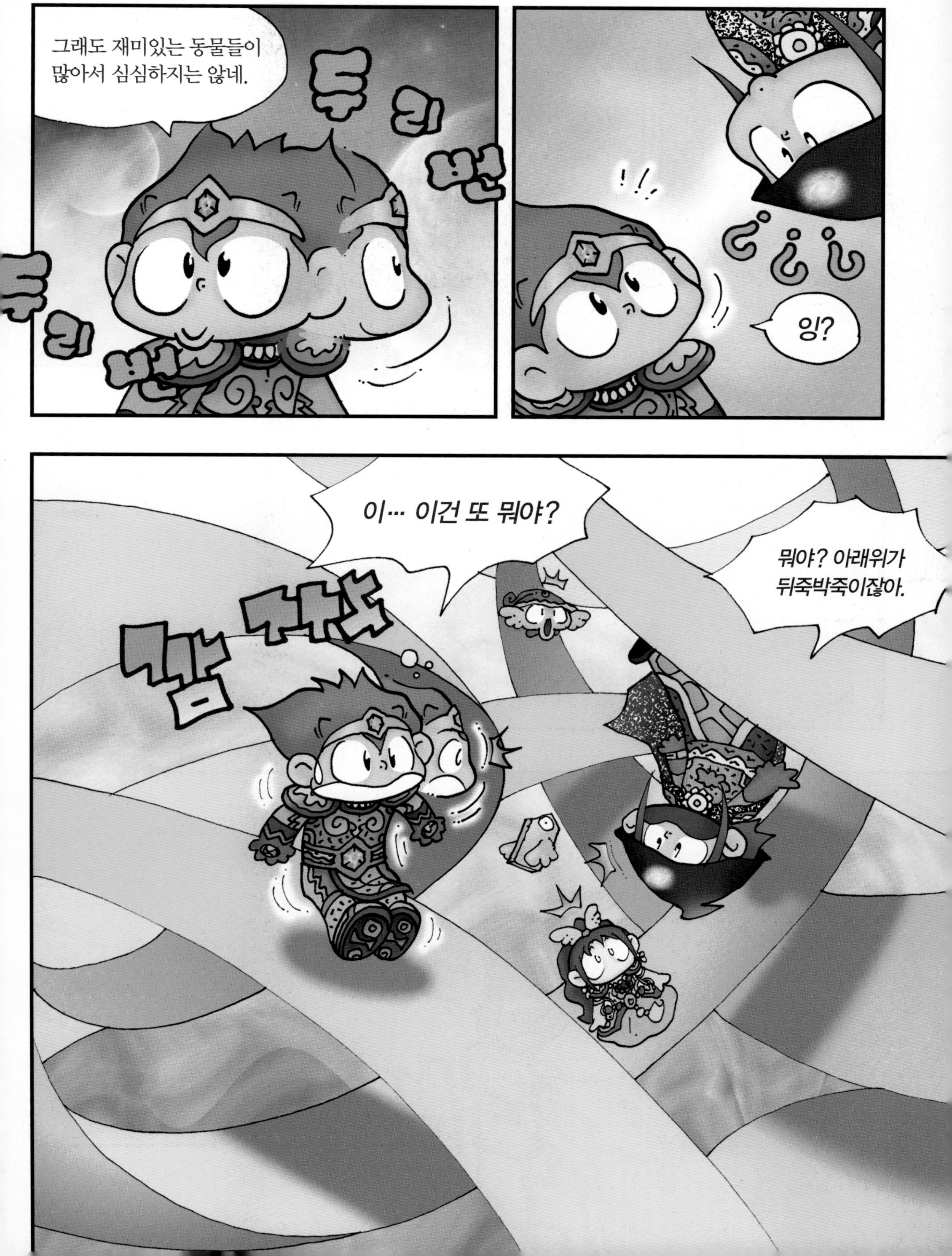

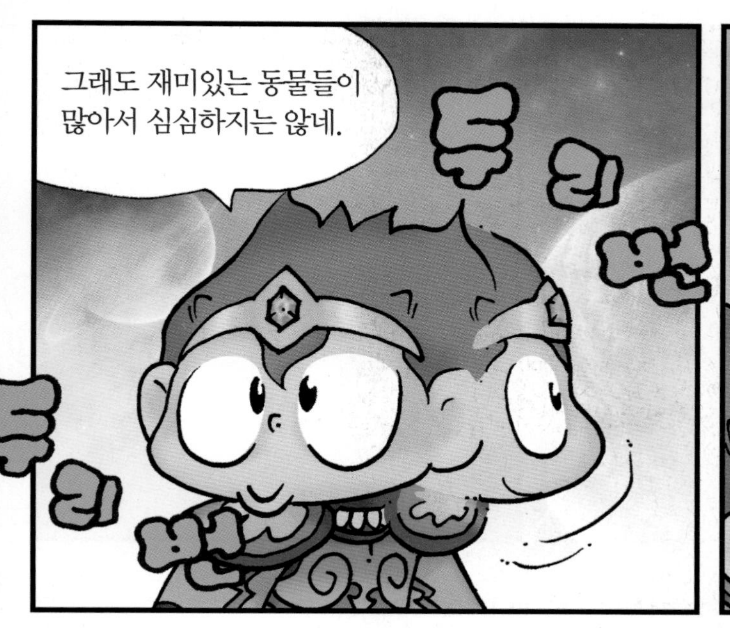
그래도 재미있는 동물들이
많아서 심심하지는 않네.
두리번
두리번

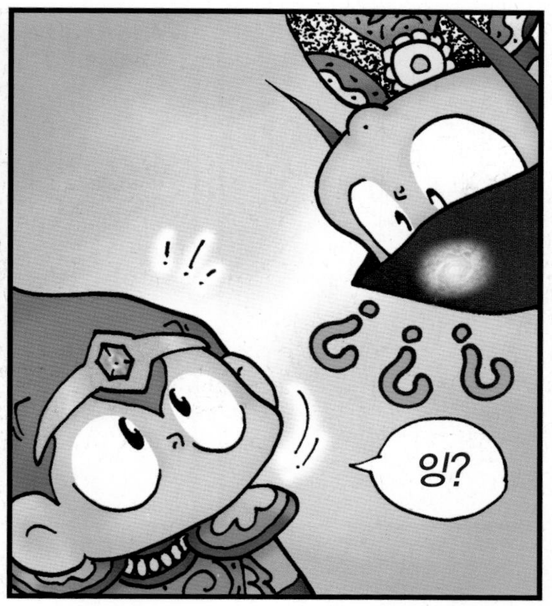
잉?

깜짝

이… 이건 또 뭐야?

뭐야? 아래위가
뒤죽박죽이잖아.

Word King

어떡해! 이정표도 어디로
가야 할지 모르겠나 봐.

으…
공간이 뒤틀린 모양이야.
벗어나기 쉽지 않겠는데…
흥! 이까짓 걸로 내 앞을
막을 순 없지!!

으
다
다
다
으
다

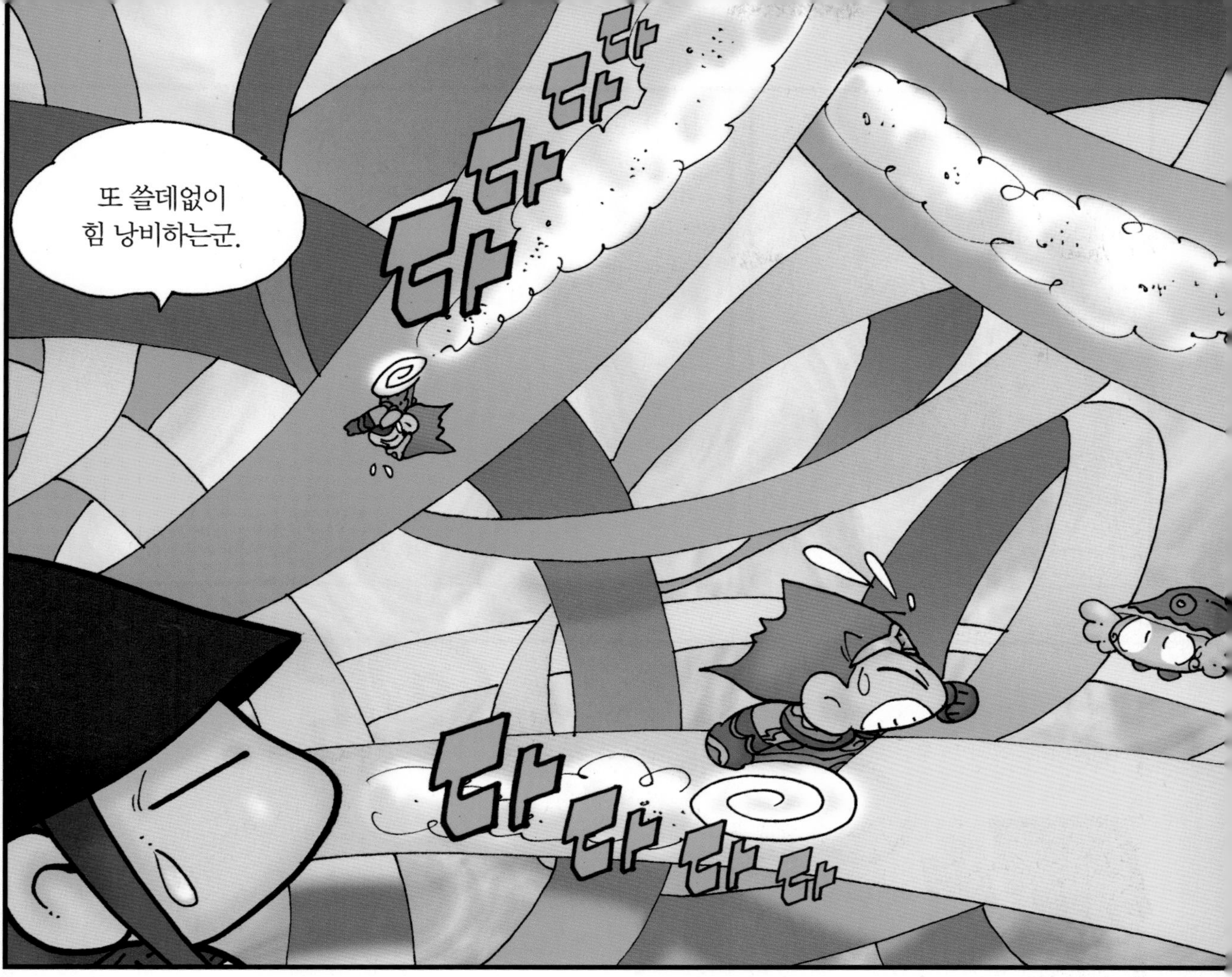

다다다다
또 쓸데없이
힘 낭비하는군.
다다다다

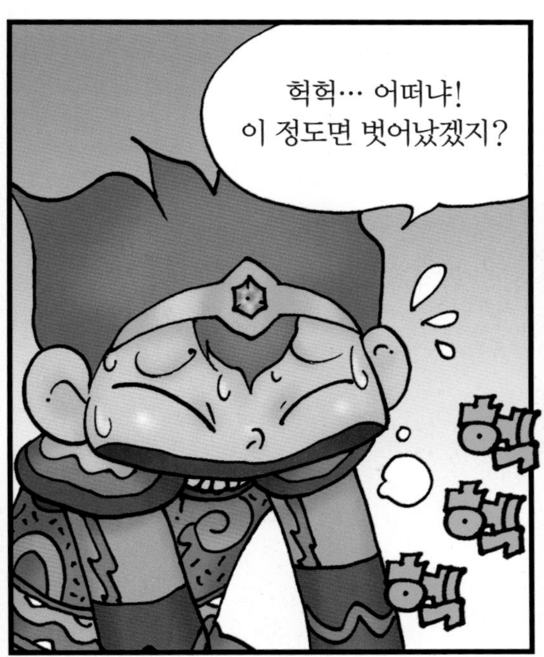

헉헉… 어떠냐!
이 정도면 벗어났겠지?
헉헉헉

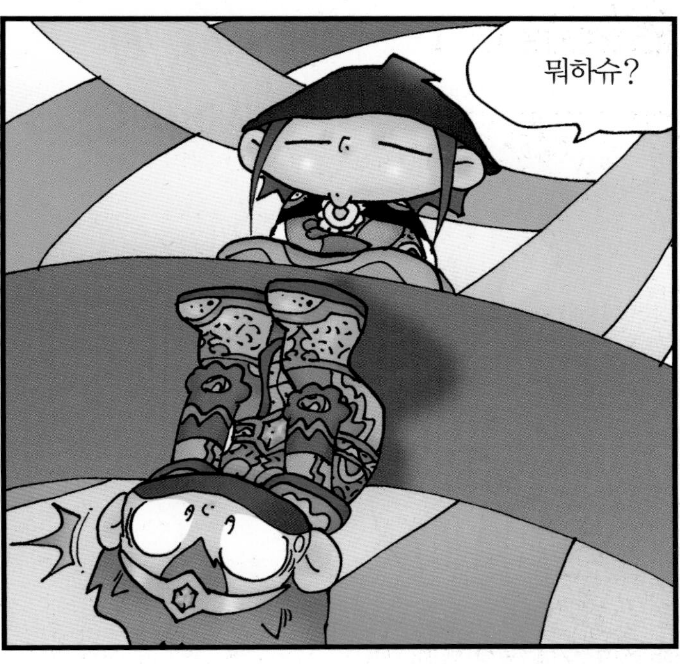

뭐하슈?

길을 쭉 펴지게 하면,
여기서 빠져나갈 수 있겠지?
If the road is straight, we can
escape from the maze.
If the road is straight,
we can escape from the maze.
만약 길이 곧다면, 미로에서 벗어날 수 있을 거야.

파아아야

Word King

잘했어 빛나,
역시 빛나야!

갑자기 웬
불기둥?
화르르르

엇?
이정표가 사라져 버렸어.
제 역할을 다 끝내서
사라진 거 아냐?
펑!

이글
어이~
저 불기둥 안쪽에 성 같은 게 보여.
쟨 뜨겁지도
않나?
이글

혹시 저 불기둥 안에
워드킹이 있는 게 아닐까?
음… 그럴 수도 있겠군.
외부인이 못 들어오게
불길로 막아 놓은 걸 수도…

불에는 물!
내 water 마법으로…
Water!
파앗
촤악
화악
헉!!
꺄악!
뜨거워.

왜 내 water 마법이 안 통하는 거지?
꼭 불에 기름이라도 부은 거 같잖아!
앗, 뜨거워~!

넌 안 뜨거워?
사내대장부가 뜨겁긴
뭐가 뜨겁다고 엄살이야?

꿈속이라도 불의 정령의
보호를 받는 모양이야.
앗, 뜨으~
첫~ 결국 옷 덕분이면서
잘난 척은…
건이 뒤로 피해!

아… 그러고 보니…
그곳은 If의 마법'만'이
통하는 곳이다!

맞아!
여기서는 그냥 마법은
통하지 않아. 토드가 If 의
마법만 통한다고 했어.

그럼 불을 꺼도 If 의 마법을
이용해서 꺼야 한다는 거군.
헉헉~ 뜨거워서 꼼짝을
못하겠어.

어… 어쩔 수 없군.
불의 영향을 안 받는 건
건이뿐이니…
건, 할 수 있겠어?
이글
이글

뭐… 어쩔 수 없군. 그렇게
애절하게 부탁을 한다면…
으쓱

만약에 비가 온다면,
저 불을 끌 수 있을 거야.

If it rains,
we can put out the fire!

쏴아아아

Words Land

됐어!
불이 꺼졌다!

역시 워즈랜드
성이야!

휴~ 여기선 아무 마법이나
함부로 쓰면 안 되겠군.

음하하하… 내가 아니었으면
너희들 모두 통구이가 됐을 걸!
거들먹
그래, 그래…
너 잘났다.

다행히 성문은 열려 있네.

저길 봐.
워드킹인가 봐.
그 옆엔 누구지?

흑…

갑자기 7권에서 접속사 구슬을 찾아
혼자 바닷속을 헤맸던 생각이 나네요. 흑~
if는 and, or, but 등등과 같은 접속사랍니다.
우리 연결의 섬에서의 모험을 다시 추억해 볼까요?

바구니에 담긴 접속사 구슬을 이용해 앞뒤 상황을 연결해 보세요.

Mom is so angry,

I broke the flower vase.

I'm so tired,

I must climb that mountain.

He gave me a big present,

I'm happy.

or
so
and
but
because

우리는 '만약에 ~라면, ~일 거야'라는 말을 평소에 참 많이 쓰죠? '만약에 ~라면'이라는 말을 하고 싶을 때에는 접속사 If를 쓰면 된답니다.

다음을 잘 보고 서로 연결될 수 있는 그림과 문장을 찾아서 연결해 주세요.

If I have a younger brother,

I will be a doctor.

If our school breaks up for a vacation,

I will be kind to him.

If I enter a medical college,

I will go to see my grandmother.

| If 문장의 짝을 찾아라 ③

너희가 If를 알아? 흥! 만약에 너희가
내가 뒤죽박죽 섞어 놓은 '만약에 ~라면'이라는 뜻의 조건과
'~일 거야'라는 결과를 제대로 연결한다면,
너희의 실력을 인정해 주마.

다음 문장들 중 서로 어울리는 짝을 찾아서 연결하고, 아래에 그 문장을 써 보세요.

If I go to the zoo,

I will buy a robot Z.

If I can get a ticket,

I will see many elephants.

If my mom gives me some pocket money,

I will go to watch the movie.

If I go to the zoo, I will see many elephants

If I can get a ticket, I will go to watch th

날짜 :
점수 :
확인 :

'만약에 ~라면'이라는 뜻의 If가 들어 있는 문장에서는 미래 시제를 쓰지 않아요. 원정대들이 헷갈려 하고 있으니, 여러분이 도와주세요.

*4편의 정답은 176쪽에서 확인하세요.

다음 문장에서 잘못된 부분에 ×표를 치고 올바른 문장을 적어 보세요.

If it will snow tomorrow, we will make a huge snowman.

➜

If it will snow Now, we will make a huge snowman

If you will not eat breakfast tomorrow morning, you will be so hungry all day.

➜

If the school will begin next week, I will be happy to meet my friends.

➜

참, 조동사 will이 사라지고 나면 뒤의 동사는 주어에 맞게 바꿔 주는 센스~

5. 산산이 부서지는 워드킹의 상상의 나라
불가능한 현재의 일을 말할 때 쓰는 가정법 과거

윽! 저게
울랄라 여왕?
워드킹의 모습도
바깥과는 전혀 다른 걸.

여긴 워드킹의 꿈속이라
워드킹이 원하는 대로
나타나는 거야.
울랄라 여왕님도
젊었을 땐
얼짱이었다고 ~
말도
안돼…

폐하, 저들을 막아 주세요.
폐하와 저를 갈라놓으려는
자들이에요.
엥? 우리가 뭘
어쨌다고…

걱정 마시오, 울랄라.
누구도 나와 당신을 갈라놓을 순 없소.
당장 저들을 잡아
가두어라!

스으윽

!

윽… 감옥에
갇혀 버렸잖아.
이게 어떻게 된 거야?
울랄라 여왕님이 우리에게
왜 이러시는 거지?

어차피 이곳의 울랄라 여왕님은
워드킹의 상상으로 만들어진 거니까
워드킹이 원하는 대로 행동하는
걸 거야.
그럼
어떡해

걱정 마시라! 이 정도쯤이야 If를
이용해 쉽게 벗어날 수 있지.

If I have a key,
we can escape from this prison.
만약 열쇠가 있다면, 이 감옥을 나갈 수 있을 거야.

철컥
음하하하! 역시
이 정도는 식은 죽 먹기…
오~
웬일이
래?!~

헉! 뭐야?
또 갇혔잖아.

쯧~
간만에 틀리지 않고 제대로
주문을 외웠는데 안 됐수~
에잇, 다시!

퐁!

좋았어!
이번엔 문을 열고
재빨리…
쓸데없는
힘 낭비 같은데…

후다닥

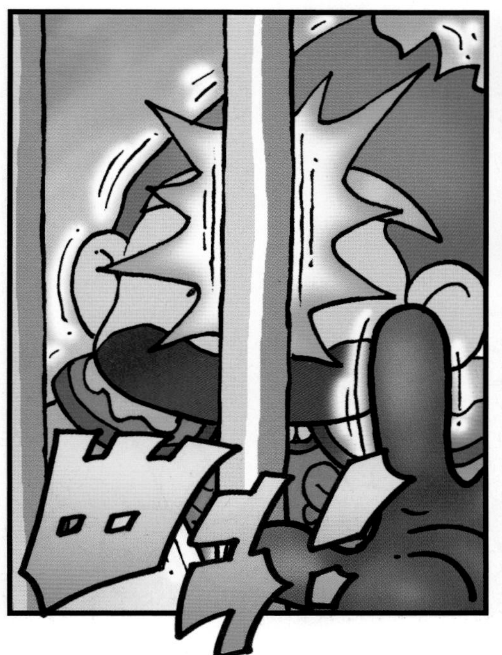

음… 여긴 워드킹의
꿈속이라 워드킹이 직접
내린 명령은 If 마법으로도
쉽게 깨트릴 수 없는
모양이야.
아효효…
그럼 어떻게 워드킹을
꿈에서 깨어나게 만들라는
거야?

응?
갑자기 웬 꽃잎?
화르르르

으… 닭살 돋아.
아예 영화를 찍는군.
아이~
워드 킹님~♡
내사랑
울랄라~

이제 어떡하지? 어차피 여기서는 If를 이용한 마법만 사용해야 하는데,

워드킹에게는 If마법이 전혀 통하질 않으니…
아잉~♡

아, 그렇지! If를 이용한 가정법 과거로 현재의 모습을 보여줘 워드킹에게 충격을 주면 될 수도 있겠다!
가정법 과거?

응! '만약에 ~라면'이라는 말을 쓰는 경우는 두 가지가 있어.

"만약에 네가 숙제를 다 하면" "만약 동물원에 간다면"처럼 일어날 수 있는 일을 이야기할 때 If를 쓰기도 하지만,

"만약에 내가 로또에 당첨된다면"이나 "만약 내가 화성인이라면"처럼 현재의 사실과 반대되는 일이나 일어날 것 같지 않은 현재의 일을 말할 때도 If를 써.

"으이구, 로또에 당첨될 확률은 벼락 맞고 살아남을 확률보다도 낮다고!"

일어날 수 있는 일을 이야기할 때는 그냥 If만 붙여 주면 되지만, 현재의 사실과 반대되는 일이나 일어날 것 같지 않은 현재의 일을 '가정'해서 이야기할 때는, 일정한 법칙을 따라야 해.

[첫 번째 법칙
동사는 과거형을 쓴다]

If you loved me, I would be very happy.
(loved: 동사의 과거형 / would: 조동사의 과거형 / be: 동사원형)

만약 당신이 나를 사랑한다면, 나는 정말 행복할 텐데.

조동사는 would나 could를 주로 써. 그리고 조동사 다음에 오는 동사는 본래의 모양대로 써 주는 건 10권에서 배웠지?

흑, 당신은 나를 사랑하지 않아.

참! 이럴 경우 동사는
과거형을 쓰지만, 뜻은 현재라는 걸
잊어서는 안 돼!

두 번째 법칙
be 동사는 were를 쓴다

백날 뛰어 봐라.
그게 잡히나.

If Toad were tall, he could catch the apple.

(were: be 동사의 과거형 / could: 조동사의 과거형 / catch: 동사원형)

만약 토드가 키가 크다면, 그 사과를 잡을 수 있을 텐데.

be 동사의 과거형은
was와 were지?
(단수 주어) + am, is → was
(복수 주어) + are → were

그러나 이렇게 현재의 사실과
반대되는 일이거나 일어날 것 같지 않은
현재의 일을 '가정'해서 이야기할 때
be 동사의 과거형은 were를 사용하는
것이 기본 원칙이야.

But!! 법칙에는 예외가 있는 법.
주로 were를 쓰지만, was를 써도 된다고.
→ If he were tall, he could catch the apple.(○)
→ If he was tall, he could catch the apple.(○)

참, 이렇게 If를 써서 사실이
아니거나 일어날 것 같지 않은
현재의 일을 말하는 것을
'가정법 과거'라고 해.

현재를 '가정'하고
'과거형'을 써서 '가정법
과거'라고 그러나??
갸우뚱~

흠… 그러니까 워드킹은
자신만의 상상 속에 갇혀 사니까
반대로 현실의 상황을 알려 줘
충격을 준다 이거지?
그렇지!

그런데 현실의 상황은
어떻게 알려 줘?
음… 그게
문제군…

피오의 티와치로 통신을
해서 보여 주면 되잖아.
오… 그거 간만에
괜찮은 생각인데.

좋아! 한번 해 보자.
내가 먼저 시작할게.

워드킹! 꿈속에서는 울랄라
여왕과 결혼해서 행복한 표정을
짓고 있지만 현실은 그렇지
않아요. 꿈 깨시라고요!

If Word King married beautiful *Queen Ulala*, he would be *happy*.

만약에 워드킹이 아름다운 울랄라 여왕과 결혼을 한다면, 그는 행복할 텐데.

우
우

좋아! 그럼 현실의
울랄라 여왕님을
티와치로 부르면…

파
아

Z Z Z

크윽… 저…
저건 뭐지?
꾸벅
꾸벅

잘 생각해 보세요. 울랄라 여왕님은
실제로는 그램우즈 왕과 결혼했잖아요!
젊고 아름다운 울랄라 여왕님은 워드킹님이
만들어 낸 환상에 불과하다고요.
여왕님이
저런 모습을…
맞아! 그리고 원래
그렇게 아름답지도 않고!

크으으… 아니야!
아름다운 울랄라가 그램우즈 왕과
결혼했을 리가 없어!

크으으… 그… 그럴 리가…
아
아
아

불쌍하지만
어쩔 수 없지.
크으윽… 울랄라!

이번엔 이 아름답고 평화로운
워즈랜드의 모습이 다 헛것이라는 것을
보여 주자.

If he rules well, Wordsland will be peaceful.
만약 그가 나라를 잘 다스린다면, 워즈랜드는 평화로울 텐데.

oooooooooo
짠~짠~

어, 왜 안 되지?

빛나! 가정법 과거에서는 과거형 동사를 써야 한다니까!
아, 맞다. 헤헤.

그렇다면 다시!
If he ruled well,
Wordsland would be peaceful.

우우웅
됐다!

이번엔 현실의 워즈랜드를…

보세요. 당신이
제대로 다스리지
않아 방치된
워즈랜드를!

크으으윽!!! 말도 안 돼!
워즈랜드가 저럴 리가…

으으윽~

좋아!
배경도 사라졌어!
스르르르

꿈속 세상이 다 사라졌으니까
이제 워드킹 자기 자신만 제대로
인식하면 꿈에서 깰 거야!

그럼 이번엔
내가 해 볼게!

If Word King was handsome, Ulala would like him.
만약에 워드킹이 꽃미남이라면, 울랄라 여왕이 그를 좋아할 텐데.

!

으이그… 건이 네가 그럼 그렇지!
가정법 과거에서는 If가 있는 문장의
be 동사는 were를 써야 한다고 했…

어… 어라?
왜 마법이 먹힌 거지?
were를 쓰는 게 원칙이기는 하지만,
was를 써도 틀린 건 아니라고.
모든 원칙에는 예외가 있는 법!
잊지 말라고.
그… 그런 거였나?
네가 그러면 그렇지!
알고 했을 리가
있겠냐?

이번엔 진짜 워드킹의 모습을!
!!!

슈우우

잘 보세요! 워드킹, 당신이 꿈속에 숨어 있는 동안 자신의 모습이 어떻게 되었는지를!!
아니야!!! 저게… 나일 리가…

크으으으!!
아니야!!

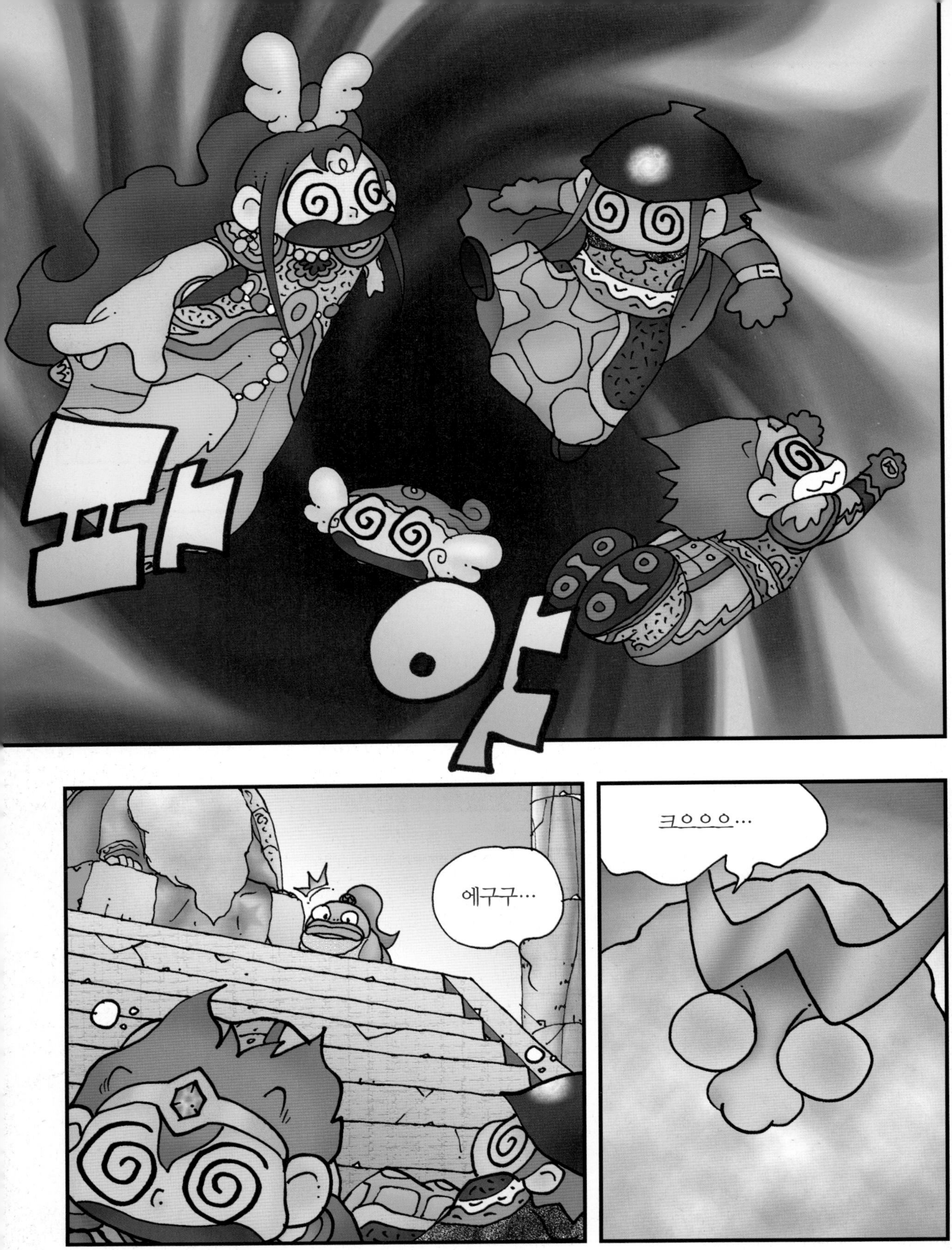

에구구…

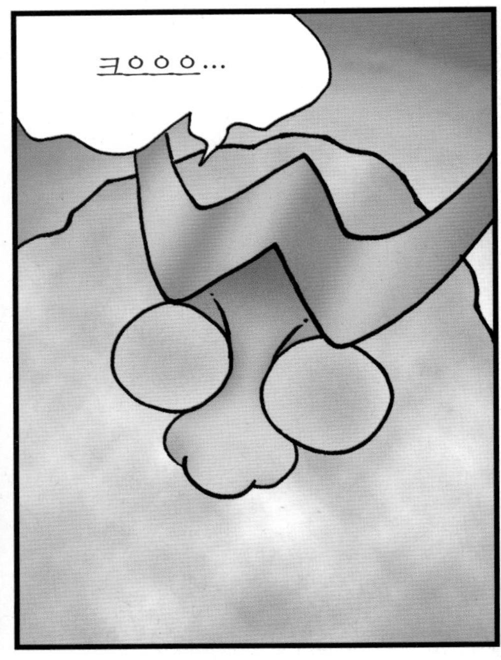
크ㅇㅇㅇ…

워… 워드킹님!!!
드디어 정신을
차리셨군요.
이… 이 녀석들이…
감히 나의 꿈속을 함부로
헤집고 다니다니…
고오아앙
드드드응
엇! 저건…
임퍼!!
그램우즈로 돌아가는 열쇠를 쥐고 있는 워드킹!
그러나 임퍼의 꼭두각시가 되었는데…
12권에서 계속됩니다.

건이의 꿈속을 좀 보세요.
워즈랜드처럼 뒤죽박죽이군요. 워드킹을 깨웠던 것처럼,
건이도 꿈에서 깨도록 해야겠어요. 건이에게는 좀
미안하지만, 우리 현실을 일깨워 줄까요?

건이의 꿈과 현실을 보고, 상황에 맞는 문장을 연결해 주세요.

If I were a genius, I would get a perfect point.	If I were rich, I would buy so many toys.	If I had 1000 items, I would defeat the devil Reverse easily.

도대체 어떻게 워드킹 님을 꿈에서 깨어나게 한 거지?
현재의 사실과 반대되는 일이나 일어날 것 같지 않은
현재의 상황을 말하는 가정법 과거를 사용했다고? 그게 뭔데?

각 문장을 그 문장이 가리키는 현재의 상황과 연결해 보세요.

If I were president,
I would live in the White House.

If I had some money,
I could buy you a pretty hair pin.

If I got up early,
I wouldn't be late for school.

음하하. 토드가 우리의 실력을 보고 깜짝 놀란 모양이군. 그런데 가정법 과거에는 항상 동사의 과거형을 써야 한다던데, 나는 만날 헷갈린단 말이야. 너희들은 어떠니?

다음 그림과 문장들을 보고, 각 동사의 과거형을 바르게 써 주세요.

If it _____ delicious, I _____ eat it all.
be / will

If she _____ a key, she _____ enter the office.
have / can

If she _____ her mom, she _____ be so happy.
meet / will

날짜 :

점수 :

확인 :

이번 미션까지만 통과하면, 워드킹이 원정대에게 그램우즈로 돌아오는 방법을 알려줄 거예요. 임퍼가 방해를 한다고요? 그건…

＊5편의 정답은 177쪽에서 확인하세요.

다음 가정법 과거 문장에서 틀린 곳에 ×표를 치고, 바르게 고치세요.

If I am the superman, I could keep the world peace.

 ______________________________

If he put on the coat, he will not be cold.

 ______________________________

If it were sunny, we could went on a picnic.

 ______________________________

아직 영어를 읽지 못하는 어린이들을 위해
11권 본문에 나오는 영어 단어를 우리말로 읽어 주고
뜻도 써 놓았어요. 실제 영어 발음과는 차이가 나므로
읽기용으로만 참고하세요.

A

all [올] ㊄ 모든 것, 모두
apple [애플] ㊔ 사과

B

badly [배들리] ㊓ 나쁘게, 서투르게
beautiful [뷰터펄] ㊕ 아름다운
body [바디] ㊔ 몸
break out [브레이크 아웃] ㊖ 일어나다, 발생하다
bright [브라이트] ㊕ 빛나는, 밝은
brilliant [브릴리언트] ㊕ 훌륭한

C

cake [케이크] ㊔ 케이크
call [콜] ㊗ 부르다
candy [캔디] ㊔ 사탕
careful [케어풀] ㊕ 조심성 있는, 신중한
catch [캐치] ㊗ 붙들다, 잡다
clean [클린] ㊗ 청소하다
coat [코우트] ㊔ 외투
come back [컴 백] ㊖ 돌아오다
come out [컴 아웃] ㊖ 나오다
could [쿠드] ㊘ can의 과거형
crystal [크리스털] ㊔ 수정
cute [큐트] ㊕ 귀여운

D

decay [디케이] ㊗ 썩다, 벌레 먹다
defeat [디피트] ㊗ 쳐부수다, 무찌르다
delicious [딜리셔스] ㊕ 맛있는
diamond [다이아몬드] ㊔ 다이아몬드, 금강석
discover [디스커버] ㊗ 발견하다
do [두] ㊗ ~을 하다
door [도어] ㊔ 문

E

eat [이트] ㊗ 먹다
emerald [에머럴드] ㊔ 에메랄드
escape [이스케이프] ㊗ 탈출하다

F

face [페이스] ㊔ 얼굴
famouse [페이머스] ㊕ 유명한
fantastic [팬태스틱] ㊕ 환상적인, 굉장한
fast [패스트] ㊓ 빨리
feet [핏] ㊔ 발 (foot의 복수형)
flower [플라워] ㊔ 꽃
friend [프렌드] ㊔ 친구

G

gee [지] ㊙ 어머나
get [겟] ㊗ 얻다

get up[겟 업] ㊌ 일어나다
gift[기프트] ㊔ 선물
give[기브] ㊐ 주다
glove[글러브] ㊔ 장갑
grand[그랜드] ㊒ 웅장한

H

handsome[핸섬] ㊒ 잘생긴
hard[하드] ㊊ 열심히
have[해브] ㊐ 가지고 있다
heartily[하틸리] ㊊ 진심으로, 실컷
hint[힌트] ㊔ 힌트, 암시
hip[힙] ㊔ 엉덩이
how[하우] ㊙ 어떻게, ㊒ 얼마나, 참으로
huge[휴즈] ㊒ 거대한
hurry up[허리 업] ㊌ 서두르다

I

if[이프] ㊑ 만약 ~라면
item[아이템] ㊔ 아이템, 항목

J

jewel[주얼] ㊔ 보석

K

key[키] ㊔ 열쇠
kick[킥] ㊐ 차다
king[킹] ㊔ 왕

L

like[라이크] ㊐ 좋아하다
long[롱] ㊒ 긴
love[러브] ㊐ 사랑하다

M

make[메이크] ㊐ 만들다
mantle[맨틀] ㊔ 망토
many[메니] ㊒ 많은(개수가 많음)
maze[메이즈] ㊔ 미로
meet[미트] ㊐ 만나다
milepost[마일포우스트] ㊔ 이정표
mine[마인] ㊔ 광산
miss[미스] ㊐ 놓치다

N

nap[냅] ㊐ 졸다
needle[니들] ㊔ 바늘
never[네버] ㊊ 결코 ~않다
nice[나이스] ㊒ 좋은

O

oh[오우] ㊎ 아, 앗
oops[웁스] ㊎ 저런, 아이구

P

peaceful[피스풀] ㊒ 평화로운
planet[플래닛] ㊔ 행성, 별
policeman[펄리스먼] ㊔ 경찰관
pour down[푸어 다운] ㊌ 내리퍼붓다
prison[프리즌] ㊔ 감옥
put out[풋 아웃] ㊌ 끄다

R

ride[라이드] ㊐ 타다

rise [라이즈] (동) 뜨다, 떠오르다
road [로우드] (명) 길
roller-coaster [로울러-코우스터] (명) 롤러코스터
room [룸] (명) 방
ruby [루비] (명) 루비
rule [룰] (동) 다스리다

S

sad [새드] (형) 슬픈
save [세이브] (동) 구하다
shoes [슈즈] (명) 신발(shoe의 복수형)
slap [슬랩] (동) 찰싹 때리다
snowman [스노우맨] (명) 눈사람
sole [소울] (명) 발바닥
stick [스틱] (명) 막대기, 봉
straight [스트레이트] (형) 곧은, 일직선의
strike [스트라이크] (동) 치다, 때리다
strongest [스트롱기스트] (형) 가장 힘이 센(strong의 최상급)
study [스터디] (동) 공부하다
superman [슈퍼맨] (명) 슈퍼맨

T

take off [테이크 오프] (숙) 벗다
tall [톨] (형) 키가 큰
teeth [티스] (명) 이(tooth의 복수형)
tell [텔] (동) 말하다
there [데어] (부) 그곳에, 거기에
thread [스레드] (명) 실
toad [토우드] (명) 두꺼비
tomorrow [터모로우] (명) 내일
toy [토이] (명) 장난감
train [트레인] (명) 기차
trip up [트립 업] (숙) 걸어 넘어트리다
Turkey stone [터키 스톤] (명) 터키석

ugly [어글리] (형) 추한, 못생긴
use [유즈] (동) 사용하다

very [베리] (부) 매우, 몹시

was [워즈] (동) ~이었다, ~에 있었다 (be 동사 am, is의 과거형)
water [워터] (명) 물
well [웰] (부) 잘, 만족스럽게
were [워] (동) ~이었다, ~에 있었다 (be 동사 are의 과거형)
what [왓] (의) 무엇, (형) 얼마나, 참으로
where [웨어] (의) 어디
will [윌] (조) ~이 될 것이다, ~할 것이다
world [월드] (명) 세상, 세계
would [우드] (조) will의 과거형
wow [와우] (감) 와우

(명) = 명사　(부) = 부사　(의) = 의문사
(대) = 대명사　(관) = 관사　(감) = 감탄사
(동) = 동사　(전) = 전치사　(숙) = 숙어
(형) = 형용사　(조) = 조동사

| Do, You, Never로 강력한 명령문을 만들어라

울랄라 여왕의 미션 | Do, You, Never로 강력한 명령문을 만들어라 1
원정대가 저 멀리 우주까지 날아가 버리고 말았군요. 무사히 워드킹을 찾아서 그램우즈로 돌아와야 할 텐데 걱정이에요.
다음 그림과 문장을 잘 보고 그림에 어울리는 명령문을 연결해 주세요.
Follow me!
Don't eat too much.
Don't open the window.
52 | 그램그램 영문법 원정대
| Do, You, Never로 강력한 명령문을 만들어라 2
으흐흐흐. 너희가 명령문을 알아? 뭐? 6권에서 배웠다고? 그렇다면 나의 명령문 공격을 부정명령문으로 받아 보시지.
Don't을 이용한 부정명령문을 사용해서 명령문 공격을 막아 보세요.
Dance disco!
(Don't) dance disco!
Jump high!
(Don't) jump high!
Cry loudly!
(Don't) cry loudly!
임퍼에게 조종당하는 빛나와 피오 | 53

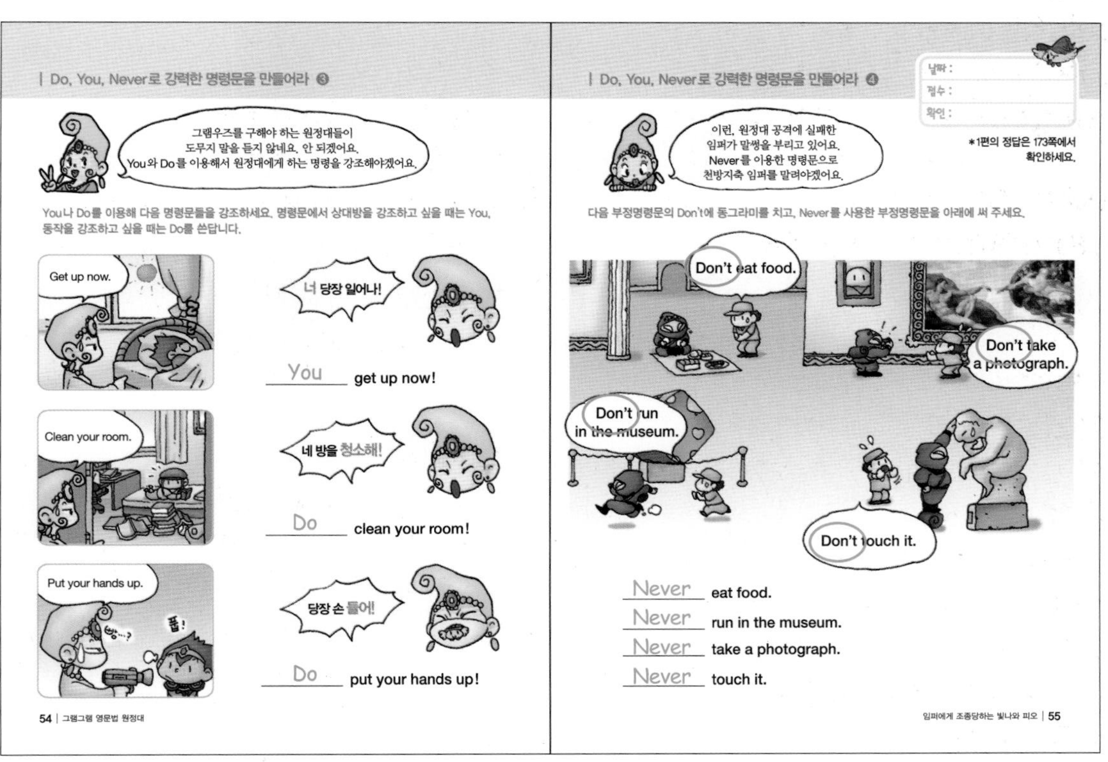

| Do, You, Never로 강력한 명령문을 만들어라 3
그램우즈를 구해야 하는 원정대들이 도무지 말을 듣지 않네요. 안 되겠어요. You와 Do를 이용해서 원정대에게 하는 명령을 강조해야겠어요.
You나 Do를 이용해 다음 명령문들을 강조하세요. 명령문에서 상대방을 강조하고 싶을 때는 You, 동작을 강조하고 싶을 때는 Do를 씁답니다.
Get up now.
너 당장 일어나!
You get up now!
Clean your room.
네 방을 청소해!
Do clean your room!
Put your hands up.
당장 손 들어!
Do put your hands up!
54 | 그램그램 영문법 원정대
| Do, You, Never로 강력한 명령문을 만들어라 4
날짜 :
점수 :
확인 :
이런, 원정대 공격에 실패한 임퍼가 말썽을 부리고 있어요. Never를 이용한 명령문으로 천방지축 임퍼를 말려야겠어요.
*1편의 정답은 173쪽에서 확인하세요.
다음 부정명령문의 Don't에 동그라미를 치고, Never를 사용한 부정명령문을 아래에 써 주세요.
Don't eat food.
Don't take a photograph.
Don't run in the museum.
Don't touch it.
Never eat food.
Never run in the museum.
Never take a photograph.
Never touch it.
임퍼에게 조종당하는 빛나와 피오 | 55

| and/or로 명령문을 업그레이드하라

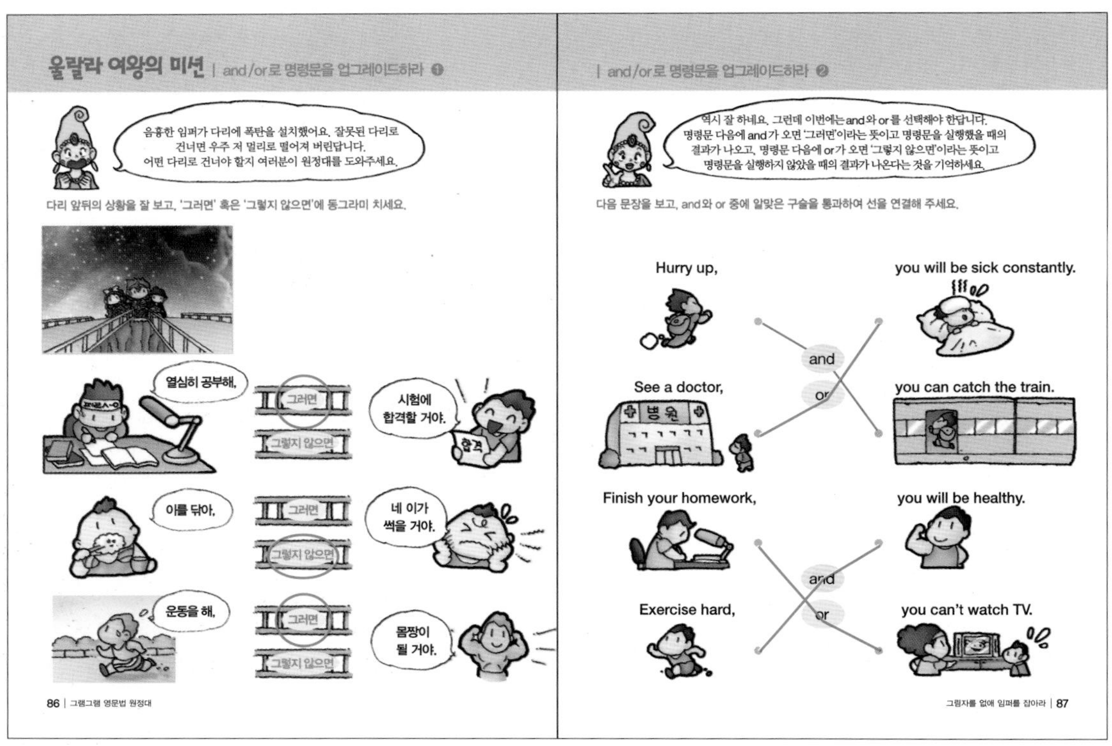

울랄라 여왕의 미션 | and/or로 명령문을 업그레이드하라 ❶
음흉한 임퍼가 다리에 폭탄을 설치했어요. 잘못된 다리로 건너면 우주 저 멀리로 떨어져 버린답니다. 어떤 다리로 건너야 할지 여러분이 원정대를 도와주세요.
다리 앞뒤의 상황을 잘 보고, '그러면' 혹은 '그렇지 않으면'에 동그라미 치세요.
열심히 공부해,
그러면
그렇지 않으면
시험에 합격할 거야.
이를 닦아,
그러면
그렇지 않으면
네 이가 썩을 거야.
운동을 해,
그러면
그렇지 않으면
몸짱이 될 거야.
86 | 그램그램 영문법 원정대
| and/or로 명령문을 업그레이드하라 ❷
역시 잘 하네요. 그런데 이번에는 and와 or를 선택해야 한답니다. 명령문 다음에 and가 오면 '그러면'이라는 뜻이고 명령문을 실행했을 때의 결과가 나오고, 명령문 다음에 or가 오면 '그렇지 않으면'이라는 뜻이고 명령문을 실행하지 않았을 때의 결과가 나온다는 것을 기억하세요.
다음 문장을 보고, and와 or 중에 알맞은 구슬을 통과하여 선을 연결해 주세요.
Hurry up,
you will be sick constantly.
and
See a doctor,
or
you can catch the train.
Finish your homework,
you will be healthy.
and
Exercise hard,
or
you can't watch TV.
그림자를 없애 임퍼를 잡아라 | 87

| and/or로 명령문을 업그레이드하라 ❸
원정대가 워드킹이 있는 곳까지 가는 길이 참 험난하군요. 각 길마다 and인지 or인지 잘 선택해야, 워즈랜드의 성에 도착할 수 있어요.
각 문장을 잘 읽고 and와 or 중 알맞은 것에 동그라미 하세요.
음…
Take the whale bus, (and/or) you can't go to the Word King.
WOW~
Open the box, (and/or) you can take the map to the Wordsland.
| and/or로 명령문을 업그레이드하라 ❹
날짜 :
점수 :
확인 :
• 2편의 정답은 174쪽에서 확인하세요.
Use your magics together, (and/or) the Wordpet will attack you.
헉
헉
헐~
Do pumping, (and/or) you can drink the water.

| 감탄문으로 성문을 통과하라

울랄라 여왕의 미션 | 감탄문으로 성문을 통과하라 ❶
내가 옛날에 차 버린 워드킹이 아직도 나를 못 잊고 있을 줄은 몰랐네요. 하긴 내 미모가 워낙에 출중하기는 했지만요. 호호호. 예전에 워드킹이 나에게 했던 수많은 What 감탄문 중 일부를 공개하도록 할게요.
What을 이용해서 다음 감탄문을 완성해 보세요. 사물이나 사람을 감탄할 때는 What을 사용한답니다.
What a beautiful woman she is!
What silky hair it is!
What twinkling eyes they are!
What charming lips they are!
What soft hands they are!
명사가 복수이거나 셀 수 없을 때는 관사가 붙지 않아요.
114 | 그램그램 영문법 원정대
| 감탄문으로 성문을 통과하라 ❷
누가 나더러 왕자병이라는 게냐! 너희들 나처럼 멋있고, 잘생기고, 우아하고, 능력 있는 울트라 슈퍼 초절정 꽃미남 본 적 있어? 나에게 제대로 된 감탄문을 바치지 않고서는 워즈랜드 성에 한 발자국도 들어오지 못할 것이야.
'맛있다', '빠르다'와 같이 상태나 성질을 나타내는 형용사나 부사를 감탄할 때는 How를 사용해요. 다음 그림을 보고 알맞은 형용사나 부사를 찾아서 넣어 주세요.
How smart I am!
How handsome I am!
How healthy I am!
How popular I am!
handsome healthy smart popular
왕자병 마법에 걸린 워드킹의 성 | 115

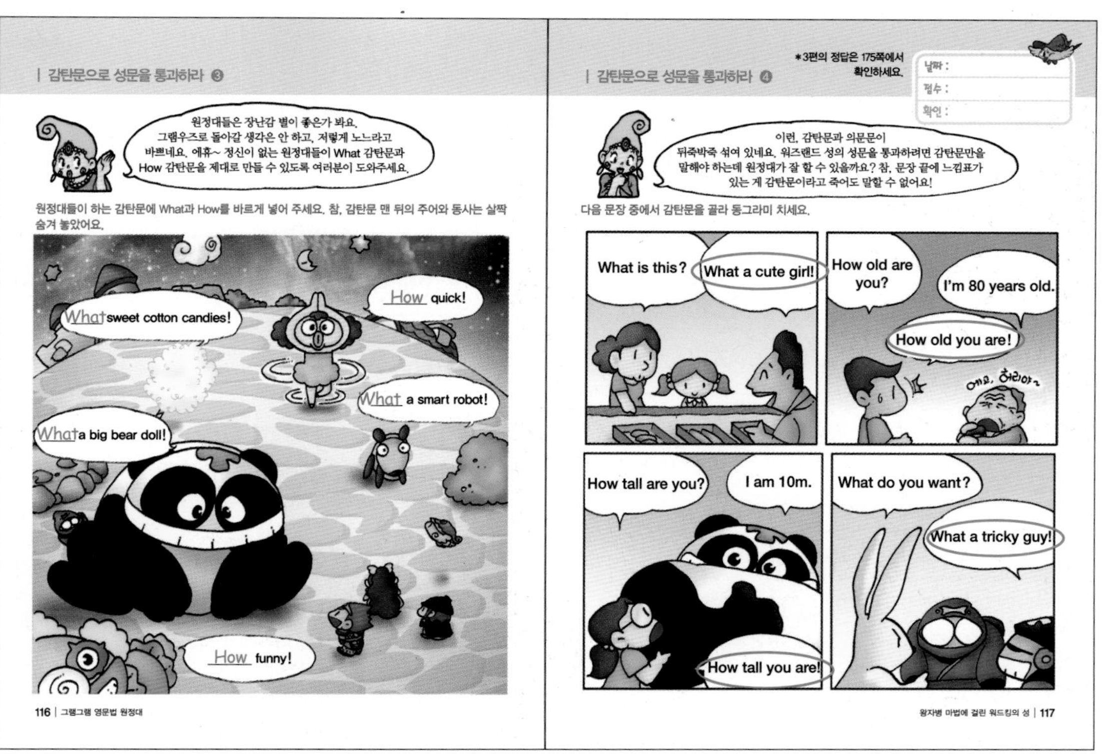

| 감탄문으로 성문을 통과하라 ❸
원정대들은 장난감 별이 좋은가 봐요. 그램우즈로 돌아갈 생각은 안 하고, 저렇게 노느라고 바쁘네요. 에휴~ 정신이 없는 원정대들이 What 감탄문과 How 감탄문을 제대로 만들 수 있도록 여러분이 도와주세요.
원정대들이 하는 감탄문에 What과 How를 바르게 넣어 주세요. 참, 감탄문 맨 뒤의 주어와 동사는 살짝 숨겨 놓았어요.
What sweet cotton candies!
How quick!
What a smart robot!
What a big bear doll!
How funny!
116 | 그램그램 영문법 원정대
| 감탄문으로 성문을 통과하라 ❹
*3편의 정답은 175쪽에서 확인하세요.
날짜 :
점수 :
확인 :
이런, 감탄문과 의문문이 뒤죽박죽 섞여 있네요. 워즈랜드 성의 성문을 통과하려면 감탄문만을 말해야 하는데 원정대가 잘 할 수 있을까요? 참, 문장 끝에 느낌표가 있는 게 감탄문이라고 죽어도 말할 수 없어요!
다음 문장 중에서 감탄문을 골라 동그라미 치세요.
What is this?
What a cute girl!
How old are you?
I'm 80 years old.
How old you are!
How tall are you?
I am 10m.
What do you want?
What a tricky guy!
How tall you are!
왕자병 마법에 걸린 워드킹의 성 | 117

울랄라 여왕의 미션 | If 문장의 짝을 찾아라 ❶
갑자기 7권에서 접속사 구슬을 찾아 혼자 바닷속을 헤맸던 생각이 나네요. 흑~ if는 and, or, but 등등과 같은 접속사랍니다. 우리 연결의 섬에서의 모험을 다시 추억해 볼까요?
흑...
바구니에 담긴 접속사 구슬을 이용해 앞뒤 상황을 연결해 보세요.
Mom is so angry,
because
I broke the flower vase.
I'm so tired,
but
I must climb that mountain.
He gave me a big present,
so
I'm happy.
so
or
and
but
because
140 | 그램그램 영문법 원정대
| If 문장의 짝을 찾아라 ❷
우리는 '만약에 ~라면, ~일 거야'라는 말을 평소에 참 많이 쓰죠? '만약에 ~라면'이라는 말을 하고 싶을 때에는 접속사 If를 쓰면 된답니다.
다음을 잘 보고 서로 연결될 수 있는 그림과 문장을 찾아서 연결해 주세요.
If I have a younger brother,
I will be a doctor.
If our school breaks up for a vacation,
I will be kind to him.
If I enter a medical college,
I will go to see my grandmother.
합격
워드킹의 꿈속으로 들어가다 | 141

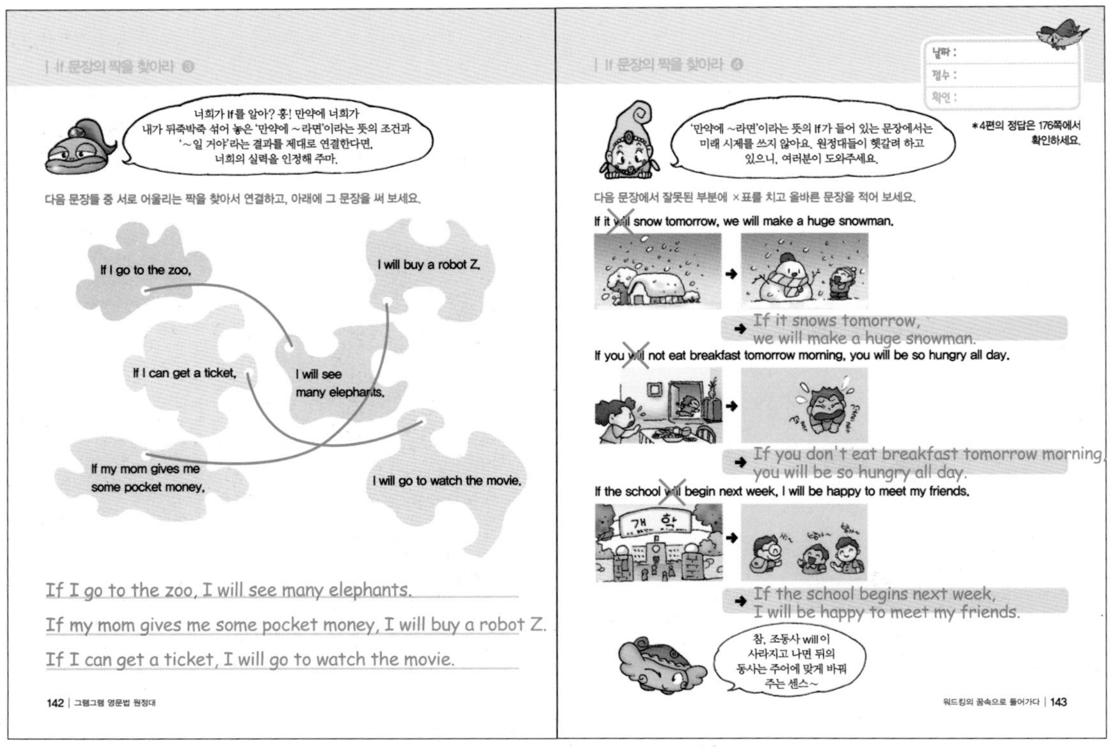

| If 문장의 짝을 찾아라 ❸
너희가 If를 알아? 흥! 만약에 너희가 내가 뒤죽박죽 섞어 놓은 '만약에 ~라면'이라는 뜻의 조건과 '~일 거야'라는 결과를 제대로 연결한다면, 너희의 실력을 인정해 주마.
다음 문장들 중 서로 어울리는 짝을 찾아서 연결하고, 아래에 그 문장을 써 보세요.
If I go to the zoo,
I will buy a robot Z.
If I can get a ticket,
I will see many elephants.
If my mom gives me some pocket money,
I will go to watch the movie.
If I go to the zoo, I will see many elephants.
If my mom gives me some pocket money, I will buy a robot Z.
If I can get a ticket, I will go to watch the movie.
142 | 그램그램 영문법 원정대
| If 문장의 짝을 찾아라 ❹
날짜 :
점수 :
확인 :
'만약에 ~라면'이라는 뜻의 If가 들어 있는 문장에서는 미래 시제를 쓰지 않아요. 원정대들이 헷갈려 하고 있으니, 여러분이 도와주세요.
*4편의 정답은 176쪽에서 확인하세요.
다음 문장에서 잘못된 부분에 ×표를 치고 올바른 문장을 적어 보세요.
If it will snow tomorrow, we will make a huge snowman.
If it snows tomorrow, we will make a huge snowman.
If you will not eat breakfast tomorrow morning, you will be so hungry all day.
If you don't eat breakfast tomorrow morning, you will be so hungry all day.
If the school will begin next week, I will be happy to meet my friends.
개학
If the school begins next week, I will be happy to meet my friends.
참, 조동사 will이 사라지고 나면 뒤의 동사는 주어에 맞게 바꿔 주는 센스~
워드킹의 꿈속으로 들어가다 | 143

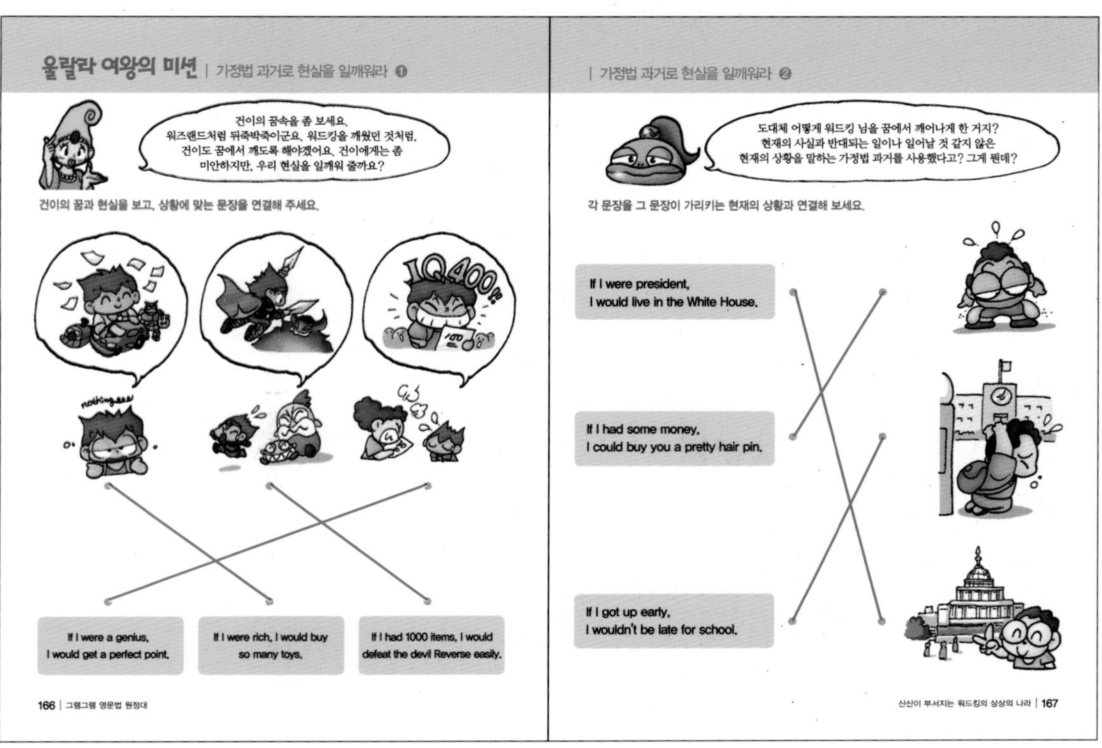
울랄라 여왕의 미션 | 가정법 과거로 현실을 일깨워라 ❶
건이의 꿈속을 좀 보세요.
워즈랜드처럼 뒤죽박죽이군요. 워드킹을 깨웠던 것처럼,
건이도 꿈에서 깨도록 해야겠어요. 건이에게는 좀
미안하지만, 우리 현실을 일깨워 줄까요?
건이의 꿈과 현실을 보고, 상황에 맞는 문장을 연결해 주세요.
If I were a genius, I would get a perfect point.
If I were rich, I would buy so many toys.
If I had 1000 items, I would defeat the devil Reverse easily.
166 | 그램그램 영문법 원정대
| 가정법 과거로 현실을 일깨워라 ❷
도대체 어떻게 워드킹 님을 꿈에서 깨어나게 한 거지?
현재의 사실과 반대되는 일이나 일어날 것 같지 않은
현재의 상황을 말하는 가정법 과거를 사용했다고? 그게 뭔데?
각 문장을 그 문장이 가리키는 현재의 상황과 연결해 보세요.
If I were president, I would live in the White House.
If I had some money, I could buy you a pretty hair pin.
If I got up early, I wouldn't be late for school.
산산이 부서지는 워드킹의 상상의 나라 | 167

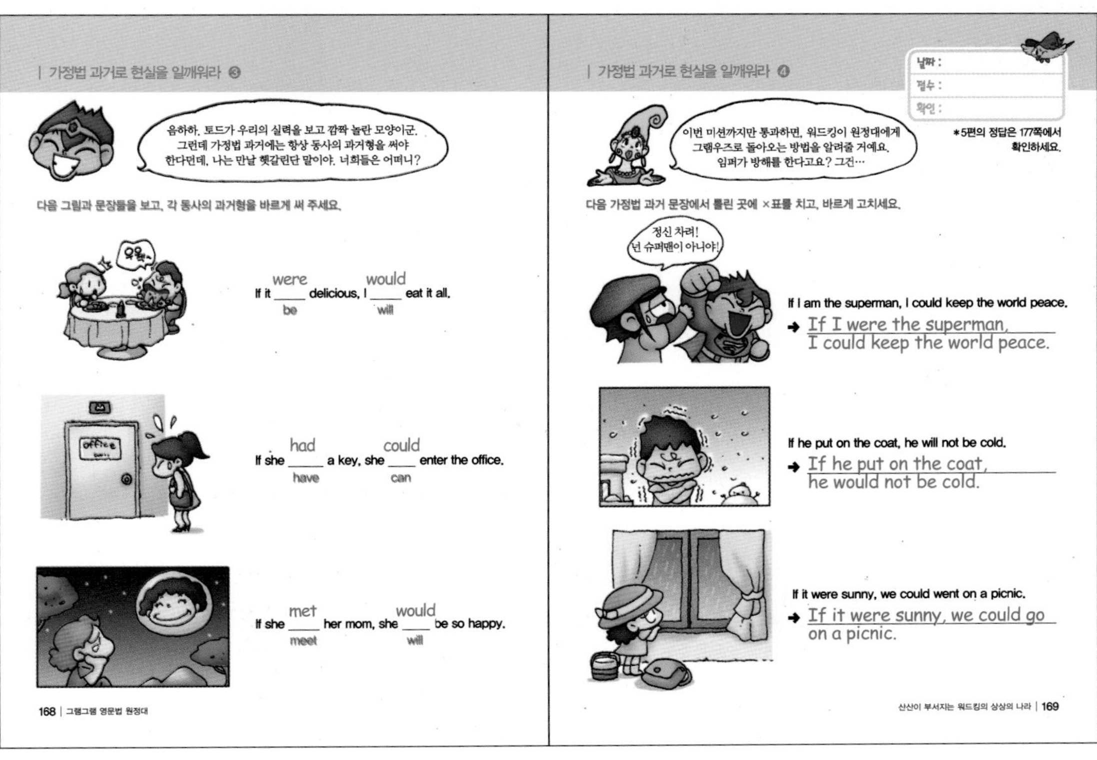
| 가정법 과거로 현실을 일깨워라 ❸
음하하. 토드가 우리의 실력을 보고 깜짝 놀란 모양이군.
그런데 가정법 과거에는 항상 동사의 과거형을 써야
한다면데, 나는 만날 헷갈린단 말이야. 너희들은 어떠니?
다음 그림과 문장들을 보고, 각 동사의 과거형을 바르게 써 주세요.
If it were delicious, I would eat it all. (be / will)
If she had a key, she could enter the office. (have / can)
If she met her mom, she would be so happy. (meet / will)
168 | 그램그램 영문법 원정대
| 가정법 과거로 현실을 일깨워라 ❹
날짜 :
점수 :
확인 :
이번 미션까지만 통과하면, 워드킹이 원정대에게
그램우즈로 돌아오는 방법을 알려줄 거예요.
임퍼가 방해를 한다고요? 그건…
*5편의 정답은 177쪽에서 확인하세요.
다음 가정법 과거 문장에서 틀린 곳에 ×표를 치고, 바르게 고치세요.
정신 차려!
넌 슈퍼맨이 아니야!
If I am the superman, I could keep the world peace.
➔ If I were the superman, I could keep the world peace.
If he put on the coat, he will not be cold.
➔ If he put on the coat, he would not be cold.
If it were sunny, we could went on a picnic.
➔ If it were sunny, we could go on a picnic.
산산이 부서지는 워드킹의 상상의 나라 | 169

그램그램 영문법 원정대

제11권 깨트려라! 워드킹의 If 가정법 세계

지은이 | 장영준
구성 · 그림 | 어필 프로젝트

초판 1쇄 펴냄 | 2009년 8월 7일
초판 10쇄 펴냄 | 2010년 10월 8일

펴낸이 | 윤철호
펴낸곳 | (주)사회평론
등록번호 | 제10-876호(1993년 10월 6일)
전화 | 02-326-1182(영업) 02-326-1542(편집)
팩스 | 02-326-1626
주소 | 서울시 마포구 서교동 247-14 임오빌딩 3층
홈페이지 | http://www.redbricks.co.kr

편집진행 | 이승필 김보은
편집팀 | 박은희 김보은 박혜진 김현영
영업팀 | 이승필 백미숙
디자인 | design Vita
채색 | 어필 프로젝트, 제페토

값 9,800원

ISBN 978-89-5602-976-4 77740
ISBN 978-89-5602-627-5 (세트)

《그램그램 영문법 원정대》는 여러분과 함께 만드는 책입니다!

《그램그램 영문법 원정대》를 사랑해 주시는 독자 여러분께 감사드립니다. 이 책에 대한 여러분의 생각과 의견을 보내 주세요. 여러분의 관심과 애정을 반영해 더 좋은 책을 만들도록 최선을 다하겠습니다.

*사회평론 홈페이지(www.redbricks.co.kr), 그램그램 싸이월드(http://town.cyworld.com/gramgram)

보내는 사람

____

____

____

☐☐☐ — ☐☐☐

우표 붙이는 자리

받는 사람
서울시 마포구 서교동 247-14 임오빌딩 3층
(주)사회평론 그램그램 영문법 원정대 담당자 앞

1	2	1	—	8	3	6

접어서 풀칠해 주세요.

〈나도 만화왕!〉 이벤트에 참여해 주신 여러분께 감사드립니다. 여러분의 사랑과 관심은 11권 제작에 큰 도움이 되었습니다. 참여하신 분 가운데 100분을 뽑아 《그램그램 영문법 원정대 11권》을 보내드렸습니다.

*당첨자 명단은 그램그램 싸이월드(http://town.cyworld.com/gramgram)에서 확인하세요.

독자엽서

이름 ______________________ 성별 남 __ 여 __ 나이 ______세

학교이름 ______________________ 학년 ______________________

이메일 주소 ____

전화번호 ____

즐겨 보는 신문이나 잡지, 인터넷 웹사이트는 ______________________

1. 구입하신 책은?

2. 언제 어디에서 구입하셨나요? 년 월 일 시(도) 서점

3. 이 책을 구입하신 동기는?

- ( )의 추천으로
- ( )의 광고를 보고
- ( )의 신간안내나 서평을 보고
- 서점에서 보고

4. 이 책에서 제일 재미있는 장면은?

5. 이 책을 읽고 새로 알게 된 것은 무엇인가요?

그램그램 이벤트 퍼레이드

'나도 만화왕!' 이벤트 – 여러분의 솜씨를 뽐내 보아요!

그램그램 영문법 원정대에 나오는 등장인물 중 자신이 좋아하는 캐릭터를 그려서 11권 엽서에 동봉해서 보내 주세요! 참여하신 분 중 정성이 가득 담긴 그림을 보내 주신 100분을 뽑아 《그램그램 영문법 원정대》**12권**을 보내드립니다.

감사합니다.